CARA *a* AЯAƆ

com alguém muito especial:

VOCÊ!

Histórias e lições inspiradoras
para você se conhecer e vencer!

2ª edição

Eliana Barbosa

CARA a CARA

com alguém muito especial:

VOCÊ!

Histórias e lições inspiradoras
para você se conhecer e vencer!

2ª edição

novo século®

São Paulo/2013

COORDENAÇÃO EDITORIAL: Silvia Segóvia
EDITORAÇÃO ELETRÔNICA: Re.P. Tiezzi
CAPA: Monalisa Morato
REVISÃO: Mary Ferrarini
Gleice Couto

DADOS INTERNACIONAIS DE CATALOGAÇÃO NA PUBLICAÇÃO (CIP)
(Câmara Brasileira do Livro, SP, Brasil)

Barbosa, Eliana
Cara a cara com alguém muito especial : histórias e lições inspiradoras para você se conhecer e vencer! / Eliana Barbosa. – 2. ed. – Osasco, SP : Novo Século Editora, 2013.

1. Autoajuda - Técnicas 2. Autoconhecimento 3. Realização pessoal 4. Sucesso I. Título.

13-09322 CDD-158.1

Índices para catálogo sistemático:

1. Autoajuda : Psicologia aplicada
158.1

2013
IMPRESSO NO BRASIL
PRINTED IN BRAZIL

CEA — Centro Empresarial Araguaia II
Alameda Araguaia, 2190 — 11º andar — Bloco A — Sala 1112
CEP 06455-000 — Alphaville — SP
Tel. (11) 3699-7107 — Fax (11) 3699-7323
www.novoseculo.com.br
atendimento@novoseculo.com.br

DEDICATÓRIA

Dedico este livro ao Fernando — amoroso marido e maior incentivador —; às nossas adoráveis filhas, Ana Amélia e Anelise; aos queridos pais, Elias e Cândida; aos nossos amados netos, Anna Clara e Gabriel — doçuras que tanto me inspiram — e a todos os meus leitores, telespectadores e participantes de meus cursos e palestras!

Obrigada a todos vocês pelo carinho e vibrações positivas!

Sumário

Parte V — Vida Profissional

Parte VI — Atitudes Libertadoras

Introdução

Querido leitor, é com a maior alegria que ofereço a você lições e histórias inspiradoras   valiosas ferramentas para seu desenvolvimento como ser humano e profissional.

Neste livro você vai encontrar possibilidades claras e caminhos simples para vencer e ser feliz. Aliás, simplicidade é a chave do sucesso.

Como a verdadeira transformação é aquela que se inicia de dentro para fora, com mudanças de pensamentos, sentimentos e atitudes, a primeira parte dá destaque ao autoconhecimento, falando das inúmeras posturas limitantes que você pode ter assumido ao longo da vida e que têm atrasado o seu "chegar lá". Você conhecerá exemplos de ações engrandecedoras, capazes de enriquecer sua existência com alegria e realizações.

No decorrer desta leitura, você vai conhecer os caminhos para desenvolver uma autoestima satisfatória, quais as habilidades que você precisa para ser feliz, e como conviver melhor — consigo mesmo, na vida familiar e na profissional.

E esta obra termina com reflexões profundas sobre atitudes libertadoras que vão conduzi-lo à concretização de seus mais caros objetivos.

Para ilustrar cada lição, há uma parábola ou conto, de autores diversos, trazendo, implícitas, mensagens de extrema sabedoria. Como diz uma narrativa judaica sobre a verdade: *"os homens não gostam de encarar a verdade nua; eles a preferem disfarçada"*. Daí a importância das histórias no processo de transformação interior.

Ao terminar sua leitura, você terá em mãos o segredo do bem-viver, de sua excelência pessoal e profissional, aguardando para ser colocado em prática no seu cotidiano.

Ralph Waldo Emerson, filósofo e escritor que viveu entre 1803 e 1882, dizia que *"As pessoas só veem o que estão preparadas para ver"*. Se você está com este livro nas mãos é porque está pronto para essa expedição de autodescoberta!

Aqui se inicia, então, uma deliciosa viagem pelas profundezas de seu ser, onde o capitão deste "submarino" é, sempre foi e sempre será... VOCÊ!

Meu papel, daqui para frente, será guiá-lo, apontar novas rotas, mas quem vai viajar, encantar-se com as belezas internas de seu próprio ser e escolher como mudar e vencer é você mesmo, o "senhor de seu destino".

Com certeza, você se sentirá arrebatado ao descobrir seu imenso potencial – dons e talentos –, que o capacitará a mostrar ao mundo o seu melhor!

Espero, de coração, que estas lições possam inspirá-lo a acreditar mais em si mesmo, a sonhar com mais clareza e confiança e a desenvolver dentro de si padrões positivos de pensamentos, que vão conduzi-lo ao sucesso e à felicidade.

Portanto, um maravilhoso encontro com você mesmo, nas profundezas de seu ser!

Eliana Barbosa

Parte I

Autoconhecimento

Cara a cara com alguém muito especial — VOCÊ

Neste instante, você inicia uma expedição pelas profundezas de seu ser, em busca de sua excelência pessoal e profissional. E o primeiro passo nesta viagem fascinante é o autoconhecimento — quem é você hoje, como se sente, qual é sua finalidade de vida, quais são seus sonhos, seus medos, suas crenças limitantes e as libertadoras, e quais são as virtudes que já possui e as que você pode aprimorar.

Isto é se conhecer melhor.

1

A Importância do Autoconhecimento

Você, herdeiro de um Poder Infinito — assim como todos os outros seres humanos, sem exceção —, é dono de uma Essência Superior, que lhe confere uma importância muito grande para o mundo em que vive. Todavia, é possível que você ainda não esteja tão certo deste seu tesouro interior e, assim, não tenha encontrado o verdadeiro sentido para sua vida, assumindo o papel de autor e ator de sua própria história.

De fato, é muito mais fácil a postura de espectador, assistindo ao espetáculo da vida, julgando e criticando, do que tomar as rédeas de suas realizações. É muito mais cômodo você se sentir vítima de um mundo injusto e cruel do que burilar seus sentimentos e atitudes, colocando em ação sua maior finalidade de vida, que é ser feliz fazendo os outros felizes.

Todos nós nascemos com uma missão neste Planeta: plantar algo positivo, deixar exemplos — e isso não é tão difícil quanto possa parecer, porque como pais, professores ou em qualquer tipo de convivência, é possível ser modelo para as pessoas. A questão é: Que tipo de modelo você tem sido até hoje?

Para responder a esta pergunta e descobrir o real sentido de sua vida, nada melhor que exercitar o autoconhecimento — um passeio pelo seu interior, pelos seus sentimentos, emoções, experiências infantis, medos, mágoas, culpas, críticas, traumas, alegrias, realizações, saudades, sonhos, qualidades, defeitos e tudo aquilo que marcou sua existência até o dia de hoje. Isto é autoconhecimento, e você, consigo mesmo, pode realizar este trabalho. É preciso coragem, sim, e muita paciência para se compreender e, acima de tudo, lembrar que esses sentimentos fazem parte da sua história, ficaram no passado, o que significa que eles não têm de voltar e se repetir. Pare com críticas, condenações e queixas pelo tempo perdido com imaturidades e desacertos, porque tudo isso, agora, pertence ao ontem. Nada nem ninguém pode mudar o que já passou, mas você tem o poder de mudar sua maneira de olhar e sentir o passado.

O autoconhecimento proporciona ferramentas importantes para você traçar seus objetivos de vida com segurança e entusiasmo. A partir do momento em que você conhece, com profundidade, suas virtudes e limitações, é a hora, então, de virar a página e começar um novo capítulo, com sentimentos de valor, amor por essa pessoa que venceu tantos desafios e, acima de tudo, confiança em tempos melhores.

Com o autoconhecimento, você percebe que começa a fluir, em suas decisões, um sentimento de certeza da sua capacidade, da sua força de mudar em si mesmo o que não foi bom até hoje e transformar-se na pessoa que você sempre quis ser.

Procure modelos positivos, pessoas de atitudes vencedoras, sensatas e determinadas, para que lhe sirvam de inspiração em sua nova trajetória. Comece a olhar a vida com olhos de otimismo, sabendo que a mudança que você busca no mundo virá de dentro de você, de seus pensamentos, atitudes e, consequentemente, de seus resultados.

E, acima de tudo, confie em seu poder interior e, é claro, neste Poder Supremo, que é o maior incentivador que temos em nossa existência. Como ouvi, certo dia, de uma pessoa muito especial: *"Se você fosse filho de um grande potentado de seu país, como se sentiria? Confiante, com certeza! Pois, então, eu lhe afirmo que você é filho do Maior e Único Soberano do Universo. E agora, como se sente?"*

Pausa para reflexão

O Eterno Descontente

Autor desconhecido

Um homem descontente com a sorte queixava-se de Deus.

— Deus dá aos outros as riquezas e a mim não dá coisa alguma. Como é que posso ser feliz nesta vida sem possuir nada?

Um velho ouviu estas palavras e lhe disse:

— Acaso você é tão pobre quanto diz? Deus não lhe deu, porventura, saúde e mocidade?

— Não digo que não, até me orgulho bastante da minha força e da minha juventude.

O velho, então, pegou na mão direita do homem e lhe perguntou:

— Deixe-me cortar esta mão por mil dinheiros?

— Nem por doze mil!

— E a esquerda?

— Também não!

— E por dez mil dinheiros você ficaria cego por toda vida?

— Nem um olho daria por tal dinheiro!

— Veja — observou o velho — quanta riqueza Deus lhe deu! E você ainda se queixa?

Por isso a importância do autoconhecimento, para que você pare de se queixar da vida, daquilo que não tem ainda e possa calcular suas bênçãos e ser grato por tudo o que já tem. Afinal, aquilo em que você coloca foco sempre se expande. Então, o que você quer que expanda em sua vida: as riquezas que já possui ou a escassez da qual você insiste em reclamar? A escolha é só sua!

E para escolher crescer e acertar, nada melhor do que tomar consciência de suas crenças limitantes e transformá-las em fortalecedoras.
Veja como... Vamos prosseguir...

2

Crenças Limitantes

Você já se deu conta de quão fabuloso é o poder de nossas crenças na criação da realidade em que vivemos? Contudo, talvez por indisciplina e invigilância, a maior parte daquilo que as pessoas acreditam tem um teor muito negativo. E é por isso que percebemos tanta miséria, desavenças e desequilíbrios emocionais neste mundo.

O pensamento humano tem uma força de atração espantosa, principalmente quando as emoções são acionadas ao mesmo tempo. Tudo aquilo em que você foca o pensamento, de bom ou de ruim, o que você quer para si ou aquilo que você não quer, de qualquer jeito está atraindo para sua vida. E tudo o que você ouviu quando criança — sobre trabalho, dinheiro, sexo, religião, doenças, velhice e outros assuntos — formam um conjunto de crenças — limitantes ou libertadoras — que o conduzem durante a vida. Daí a importância do autoconhecimento para você detectar quais são as crenças que o movem e, consciente de seu poder de transformação interior, mudar o que for negativo e reforçar o que for positivo e libertador.

Você pode encontrar inúmeros exemplos de crenças — algumas positivas e outras negativas — até nos ditos populares, repetidos e passados de geração a geração. Há alguns de que eu gosto e repito sempre, tal como este: "Água mole em pedra dura, tanto bate até que fura", porque desperta em mim um forte sentimento de persistência e obstinação.

Entretanto, há algumas expressões populares bem pessimistas, tais como: "Em casa de ferreiro o espeto é de pau", ou seja, aquilo que você vivencia e ensina para os outros, em seu núcleo familiar não é utilizado. Eu não acredito nisso! Muitas vezes, sua família pode até parecer que não compartilha de seus ideais e valores, mas nada é mais forte que o exemplo. Chega um dia em que tudo aquilo de bom que você plantou vai florescer e lhe dar muitas alegrias. Mas isso, é claro, depende de suas crenças. Você decide em que acreditar, mas saiba que o Universo providenciará para você a realidade de suas crenças. Se forem crenças ou padrões de pensamentos limitantes, certamente as oportunidades de vencer e ser feliz serão muito limitadas para você.

Outra crença que bloqueia seu crescimento pessoal e profissional é ficar dizendo *"Santo de casa não faz milagre..."*, porque se você acreditar nisso, realmente, pelo seu próprio negativismo, deixará de atrair para si o reconhecimento que tanto busca.

Ainda analisando nossas crenças limitantes, veja se você reconhece estas em seus pensamentos dominantes: "Estou morto de trabalhar" (como se trabalho fosse um castigo); velhice associada a doenças (a pessoa entra em pânico quando está envelhecendo porque fica esperando as doenças que virão com a idade); "fulano é podre de rico" (associação de riqueza com podridão — quem quer ser podre?); "a vida é difícil..." (quem acredita nisso é alguém que complica tudo o que pode ser simples); "homem não presta" (crença de quem só vai ser atraída para homens errados); "ser mãe é padecer no Paraíso" (acreditar nisso transforma em caos o relacionamento familiar) etc.

Sabendo disso, eu o convido a fazer uma lista de tudo o que você ouviu ao longo de sua criação sobre estes temas e se inteirar do que você vem atraindo para sua existência. Tudo o que você acredita e observa com atenção se torna realidade.

Um grande problema do ser humano é ser observador demais e, pior, vê mais o negativo que o positivo e acaba atraindo isso para o seu viver. O verdadeiro segredo das realizações pessoais e profissionais é você aprender e treinar ser mais visionário do que observador. Visionário no sentido de estar sempre focado na visão daquilo que você quer para você, para sua família, para sua vida, sem se preocupar com os obstáculos, com o "como vou conseguir", porque o Universo adora apoiar quem sabe o que quer! Troque suas queixas pelo que não tem, por gratidão pelo que já tem e, por meio de pensamentos e declarações promissoras e ações positivas e engrandecedoras, fazendo por merecer, permita que a Prosperidade tome conta de sua vida.

Qualquer mudança só depende de sua iniciativa em controlar seu padrão de pensamento e agir. Todo ser humano tem cinco desejos básicos que são: ser amado, elogiado, reconhecido, livre e útil, mas esses desejos só se realizarão quando cada pessoa fizer por si mesma primeiro, ou seja, resgatar sua autoestima, valorizar seus próprios talentos — celebrando suas conquistas —, buscar a liberdade da consciência tranquila e, é claro, servir à Humanidade, comprovando sua utilidade para o mundo.

E, se tudo em sua vida começa dentro de você — de bom ou de ruim —, a partir de seus pensamentos e emoções, alinhe seus desejos de felicidade e sucesso com a espetacular e sempre atuante Lei da Atração e acredite: você merece o melhor!

Eis uma declaração poderosa que criei e colei nas paredes e murais de minha casa e escritório: ***Eu declaro que saio da minha frente e paro de atrapalhar a mim mesma!***

Chegou a hora: assuma este poder sem limites que lhe pertence e encontre sua alegria e o sentido de viver!

PAUSA PARA REFLEXÃO

Encantamento fatal

Anthony Robbins, em *Poder sem Limites*

O dr. Herbert Benson, que tem escrito muito sobre a relação mente/corpo, conta algumas histórias espantosas do poder do vodu em diferentes partes do mundo.

Numa tribo de aborígines australianos, médicos feiticeiros praticam um costume chamado "apontando o osso". Consiste em jogar um encanto mágico tão potente que a vítima sabe, com absoluta certeza, que apanhará alguma doença terrível, e talvez morra.

Foi assim que o dr. Benson descreveu uma dessas ocorrências, em 1925: *"O homem que descobre que está sendo 'ossado' por um inimigo é, em verdade, uma visão lamentável. Ele fica horrorizado, com os olhos fixos no traiçoeiro ponteiro, e suas mãos se levantam como para afastar o meio letal que ele imagina que está entrando em seu corpo. Suas faces empalidecem e seus olhos tornam-se vidrados, e a expressão de seu rosto torna-se horrivelmente distorcida... Ele tenta gritar, mas, em geral, o som morre em sua garganta, e tudo o que se pode ver é a espuma em sua boca. O corpo começa a tremer e os músculos se contraem involuntariamente. Ele balança para trás e cai no chão e, pouco tempo depois, parece estar desmaiado; mas, logo depois, estremece como se tivesse em agonia mortal e, cobrindo seu rosto com as mãos, começa a gemer... Sua morte é só uma questão de pouco tempo".*

Para você, não sei, mas para mim essa é uma das mais vívidas e apavorantes descrições que já li. Mas é também um dos mais imaginosos exemplos relatados do poder da fisiologia e da crença. Em termos convencionais, nada estava sendo feito contra aquele homem, nada mesmo. Mas o poder de sua própria crença e a força de sua própria fisiologia criaram uma força negativa, terrivelmente potente, que o destruiu por completo.

Consciente da importância de seus pensamentos e emoções e, principalmente, do sistema de crenças que está determinando suas experiências de vida, vamos continuar nossa expedição pelo seu interior e descobrir quem é você, hoje...

3

Quem é Você Hoje?

Fico impressionada com a lamentável quantidade de pessimistas que ainda existem neste mundo! Em todos os meios, dos mais esclarecidos aos mais ignorantes, como é grande o número daqueles que só veem e comentam o lado obscuro da vida, os erros, os fracassos e as perdas...

Certa vez, ouvi de uma pessoa: *"Eu prefiro ser pessimista a otimista, porque aí fico feliz de qualquer jeito — quando eu acerto ou quando erro em minhas previsões..."* Pode isso? Sentir-se feliz porque pensou que algo não ia dar certo e ela tinha razão? Que ignorância! A vida se faz com base em nossos pensamentos e, desta forma, um pessimista vai estar sempre com a razão. O mesmo acontece com o otimista — se ele acredita que tudo vai dar certo, seu pensamento é tão forte que vai levá-lo à ação, tornando-o um ímã para as oportunidades, e suas chances de êxito serão muito maiores do que se ele não confiasse na vitória.

O pessimista é, na verdade, um grande medroso. Como fica temeroso de se decepcionar com os fracassos — que nada mais são que etapas na trilha do sucesso —, ele prefere esperar pelo pior, dizendo que não gosta de sofrer... E quem disse que temos de sofrer? Se a dor aparece, o melhor a fazer não é sofrer, e sim viver o momento, aprender as lições e crescer.

Entretanto, o ideal é ser um otimista realista — acreditar no melhor, sabendo que o melhor só acontece para quem tem coragem de agir. O otimista realista não é um expectador da vida — ele é o autor e ator de seu próprio filme, enfrentando as naturais adversidades do percurso de viver, certo de que ele é o senhor do seu destino.

Tudo na vida depende de pontos de vista. Se você não está vivendo bem hoje, observe que tipo de pensamento e sentimento tem passado por sua mente, e, enquanto é tempo, faça uma limpeza interior, deixando apenas a esperança, a fé e a força mental de visualizar realizações positivas — de cura e de prosperidade — que vão transformar sua vida para melhor.

A sabedoria chinesa diz assim: *"O pessimista reclama do vento, o otimista espera que ele mude, o realista ajusta as velas"*.

E você? Já definiu quem é você hoje? Alguém que assiste à vida passar ou que faz a vida acontecer? Esperando o pior ou acreditando que merece o melhor?

Pausa para reflexão

Não é preciso mudar o mundo

Autor desconhecido

Era uma vez um rei que, há muito tempo, governava um próspero país. Um dia, ele saiu em uma viagem para algumas áreas distantes de seu país. Quando retornou ao seu palácio, reclamou que seus pés estavam terrivelmente doloridos, porque era a primeira vez que fazia uma viagem tão longa e porque havia muitos pedregulhos pela áspera estrada. Ele ordenou a seus servos que cobrissem toda a estrada, por todo o país, com couro. Definitivamente, esta obra necessitaria de milhares de vacas esfoladas e custaria uma quantia enorme de dinheiro.

Então, um dos mais sábios entre os criados ousou falar ao rei:

— Por que o rei tem de gastar essa quantia desnecessária de dinheiro? Por que, simplesmente, não manda cortar um pequeno pedaço de couro para cobrir seus pés?

O rei ficou surpreso, mas concordou com a sugestão. Mandou fazer um "sapato" para ele.

Moral da história: Para fazer este mundo um lugar feliz para se viver, é melhor você mudar a si mesmo, e não o mundo!

Seu bem-estar relaciona-se diretamente com seus pensamentos e sentimentos.
Então, nada melhor que uma reflexão sobre como você se sente neste exato momento...

4

Como Você se Sente Hoje?

Emoções... Você já se deu conta da influência emocional em suas escolhas e em sua própria saúde física e mental?

Pois bem, como vai você hoje? Alguns vão responder: *"Ah, vou levando..."*; outros dirão: *"Tudo bem, na medida do possível..."*; ou então: *"Nada bem, mas fazer o quê?"*, e assim por diante. Por outro lado, muitos outros dirão: *"Tudo bem, graças a Deus!"*. Pois eu lhe digo: quaisquer que sejam as respostas, elas são provenientes de seres humanos e, por isso, carregadas de problemas que fazem parte da vida. O que muda, neste caso, é a forma de vivenciar as dificuldades: uns se lamentam, outros se acomodam e outros se levantam e repetem — para si mesmos e para todos — que tudo vai bem sim, porque sabem que a repetição, acreditando e visualizando firmemente o que é dito, faz criar a realidade que almejam.

O fundamental para que você tenha qualidade de vida — saúde e bem-estar — é buscar o equilíbrio de suas emoções. Quando você sofre emocionalmente, todo o seu corpo sofre junto, doenças se manifestam e sua energia vital se fragiliza.

E você sabe o que prejudica suas emoções? Sentimentos negativos que você, de forma inconsciente, insiste em manter dentro de si. São mágoas e decepções com a hipocrisia alheia, com um amor não correspondido, com o abandono e a solidão, ou então, medos e incertezas diante do futuro, culpas machucando sua consciência, e outros tantos motivos que você usa para colocar a responsabilidade de seus tormentos emocionais no mundo externo. É verdade! Somos assim: cobramos compreensão, antes de compreendermos; cobramos amor, antes de darmos este amor; perdão, antes de perdoarmos... Como ser feliz agindo desse jeito?

Como ser feliz se você tem medo de desagradar a todos e diz "sim" quando precisa dizer "não"? Isso é "engolir sapo" — um prato tóxico e indigesto! Daí tantas doenças do estômago, obesidade, úlceras, gastrite, refluxo...

Será que compensa guardar ressentimentos dentro de você? Quem mais perde com isso? Só você, é claro! A natureza de quem lhe feriu não vai mudar só porque você está sofrendo. Se você se sente ferido é porque, de uma forma ou de outra, você permitiu que o outro o magoasse, ou abusasse de sua confiança. Agora, se você quer prosseguir sua vida e ser cada vez melhor, em todos os sentidos, só lhe resta um caminho: o perdão. Aprimore sua inteligência emocional e, dia a dia, exercite o perdão, não só de palavras, mas, principalmente, de coração, não comentando o mal e desejando somente o bem, porque você sabe que não merece viver algemado a estas emoções tão negativas e destrutivas.

A escolha é só sua. Pare de ficar esperando pedidos de desculpas dos outros ou reconhecimento de quem quer que seja. Recuse para si mesmo o deprimente papel de vítima, porque a única pessoa que pode colocá-lo ou tirá-lo deste lugar é você mesmo!

Lembre-se de que nem você — nem ninguém neste mundo — é perfeito, e, assim, sem buscar "muletas emocionais", e sem julgamentos que só levam à discórdia, seja você, daqui para frente, seu maior e mais querido amigo!

PAUSA PARA REFLEXÃO

Lembre-se

Autor desconhecido

Se você está triste porque perdeu seu amor, lembre-se daquele que não teve amor para perder.
Se você se decepcionou com alguma coisa, lembre-se daquele cujo nascimento já foi uma decepção.
Se você está cansado de trabalhar, lembre-se daquele que, angustiado, perdeu um emprego.
Se você reclama da comida malfeita, lembre-se daquele que morre faminto sem um pedaço de pão.
Se um sonho seu foi desfeito, lembre-se daquele que vive num pesadelo constante.
Se você anda aborrecido, lembre-se daquele que espera um sorriso seu.
Se você teve um amor para perder; um trabalho para cansar, um sonho desfeito, uma tristeza para sentir, uma comida para reclamar...
Lembre-se de agradecer a Deus! Porque existem muitos que dariam tudo para ficar no seu lugar!

Você viu o quanto é importante para seu bem-estar e vida com mais qualidade livrar-se de emoções tóxicas, tais como culpas e ressentimentos? Pois, então, vamos prosseguir porque você merece sentir-se melhor e vai conseguir!

5

O Veneno dos Ressentimentos

E então, como vai sua viagem nas profundezas de seu ser? E sua vida? Como está sua experiência de vida agora: emocionante, cheia de desafios ou... Morna e sem graça?

Aproveite este momento para refletir, buscando dentro de si mesmo uma resposta simples e direta para essa pergunta. Sua resposta vai lhe mostrar quem você realmente é, porque sua vida é um reflexo perfeito de sua pessoa, daquilo em que você acredita e cria como realidade. Não adianta mais culpar os outros por suas quedas, fraquezas ou falta de oportunidades em seus caminhos.

Sua infância foi difícil? Você guarda mágoas daqueles que o maltrataram? Pois saiba que é você quem escolhe entre remoer suas dores, dando poder aos que lhe feriram, ou viver o agora como um sobrevivente heroico que valoriza o amor, a consciência tranquila e a paz. Ficar preso ao passado é o mesmo que estar engaiolado, vendo a vida correr lá fora sem sua participação. E como mágoas e culpas são sentimentos do passado, tornam-se as maiores prisões dos seres humanos, porque o ódio represado adoece, destrói relacionamentos e leva, também, ao fracasso financeiro. E eu tenho certeza de que ninguém, em sã consciência, quer isso para sua vida.

Então, sendo você parte da Criação Maior e tendo, mesmo que latente, a perfeição dentro de si, acesse, o mais cedo possível, sua Essência Superior e aprenda com Ela o amor incondicional, sem cobranças. E, acima de tudo, coloque como leme de sua vida o perdão — a todos aqueles que machucaram sua alma, e perdoe a si próprio também, livrando-se dos sentimentos de culpa que atrasam seus passos rumo ao sucesso e à felicidade.

É bem verdade que falar sobre perdão é muito mais fácil do que agir com perdão. No entanto, ao se conscientizar de que ressentimentos e ódios estão impedindo seu crescimento, tanto pessoal quanto profissional, procure apoio para burilar sentimentos e pensamentos positivos, pois serão eles que, de maneira sutil, irão transformar sua vida. Assim, sua autoconfiança e seu amor-próprio estarão tão fortalecidos que nada nem ninguém poderão ofendê-lo.

Conheço várias pessoas carregando, em seu íntimo, grandes mágoas de seus pais, das comparações que sofreram em relação aos irmãos e, apesar de serem muito inteligentes e talentosas, não conseguem progredir nem alcançar seus objetivos porque sentem também uma culpa avassaladora por esses ressentimentos, culpa esta que boicota qualquer realização. Se você se encaixa neste exemplo, a minha sugestão é que aprenda a reconhecer suas mágoas em relação aos seus pais, sem culpas, afinal, ser pai ou ser mãe não é um atestado de perfeição, e eles apenas ofereceram a você aquilo que tinham dentro de si mesmos, naquele momento. Estudos já demonstraram que ressentimentos arraigados em relação aos nossos pais ou pessoas mais velhas ligadas à nossa criação geram situações que nos levam aos desequilíbrios financeiros e às dívidas.

Portanto, lembre-se: a compaixão, o perdão e o autoperdão são atitudes sublimes no processo de libertação dos corações feridos.

Pausa para reflexão

Deixe sua raiva secar

Autor desconhecido

Mariana ficou toda feliz porque ganhou de presente um joguinho de chá, azul, com bolinhas amarelas.

No dia seguinte, Júlia, sua amiguinha, veio bem cedo convidá-la para brincar.

Mariana não podia porque ia sair com sua mãe naquela manhã. Júlia, então, pediu à coleguinha que lhe emprestasse seu conjuntinho de chá para que ela pudesse brincar sozinha na garagem do prédio. Mariana não queria emprestar, mas, com a insistência da amiga, resolveu ceder, fazendo questão de demonstrar todo o seu ciúme por aquele brinquedo tão especial.

Ao regressar do passeio, Mariana ficou chocada ao ver seu conjuntinho de chá jogado no chão. Faltavam algumas xícaras e a bandejinha estava toda quebrada.

Chorando e muito nervosa, Mariana desabafou:

— Está vendo, mamãe, o que a Júlia fez comigo? Emprestei o meu brinquedo, ela estragou tudo e ainda o deixou jogado no chão.

Totalmente descontrolada, Mariana queria, porque queria, ir ao apartamento de Júlia pedir explicações.

Mas a mamãe, com muito carinho, ponderou:

— Filhinha, lembra-se daquele dia quando você saiu com seu sapatinho novo, branquinho, e um carro que passava jogou lama em seu sapato? Ao chegar em casa, você queria lavar imediatamente aquela sujeira, mas a vovó não deixou. Você se lembra do que a vovó falou? Ela falou que era para deixar o barro secar primeiro. Depois ficaria mais fácil limpar. Pois é, minha filha! Com a raiva é a mesma coisa. Deixe a raiva secar primeiro. Depois fica bem mais fácil resolver tudo.

Mariana não entendeu muito bem, mas resolveu ir para a sala ver televisão.

Logo depois, alguém tocou a campainha. Era Júlia, sem graça, com um embrulho na mão.

Sem que houvesse tempo para nenhuma pergunta, ela foi falando:

— Mariana, sabe aquele menino mau da outra rua que fica correndo atrás da gente? Ele veio querendo brincar comigo e eu não deixei. Aí ele ficou bravo e estragou o brinquedo que você havia me emprestado. Quando eu contei para a mamãe, ela ficou preocupada e foi correndo comprar outro brinquedo igualzinho para você. Espero que você não fique com raiva de mim. Não foi minha culpa.

— Não tem problema — disse Mariana —, minha raiva já secou.

E, tomando a sua coleguinha pela mão, levou-a para o quarto para contar a história do sapato novo que havia sujado de barro.

Guarde bem: Segure seus ímpetos, deixe o barro secar para depois limpá-lo. Só assim você não correrá o risco de cometer uma injustiça.

Ah, falar de perdão é fácil, mas perdoar... Não é tão simples assim, porém perfeitamente possível! Vamos refletir um pouco mais a respeito...

6

Perdão — O Alicerce do Sucesso

A cada dia que passa, mais compreendo o quanto o perdão é uma decisão libertadora. Nesta viagem pelo seu interior, vamos falar bastante sobre a importância da autoestima para o sucesso e a felicidade. Contudo, como aprimorar a autoestima se dentro de você ainda há ressentimentos e dor por um passado que algema suas emoções? Quem se ama de verdade não consente que o lixo das mágoas envenene seu viver, e, assim, rumo à vitória pessoal e profissional, escolhe perdoar — tanto a si mesmo como a todos que o machucaram ao longo da vida.

A capacidade de perdoar, mais do que um ato de misericórdia, de fé ou amor, é, sobretudo, uma prova de inteligência e de amor-próprio, porque o perdão é capaz de aliviá-lo do peso insuportável do ódio e abrir caminhos para sua prosperidade.

Eu penso que todos os atendimentos psicoterápicos deveriam ter como base o perdão, porque as neuroses, doenças, a própria depressão, crimes, suicídios e todas as misérias materiais ou morais estão intimamente ligadas às mágoas que ainda habitam o coração da Humanidade.

Analisando a palavra "mágoa", percebemos que ela nada mais é do que a palavra "ódio" debaixo de uma maquiagem sutil. E só sentimos ódio de quem, um dia, amamos e confiamos muito e que, em algum momento, nos decepcionou.

Sentir ódio é delegar poder a quem você odeia. O outro passa a mandar em sua vida, ganha a força de manipular seus passos. Preso às lembranças desagradáveis do passado, você nem percebe a energia pesada do rancor bloqueando seus planos e a realização de seus sonhos. O alvo de seu ressentimento está mais presente em seus pensamentos do que as pessoas queridas. Você se torna um escravo do ódio, e, pior ainda, passa a alimentar desejo de vingança. É impossível ao Universo apoiar quem nutre dentro de si pensamentos negros de revolta e revanche.

Diante disso, procure praticar o autoconhecimento para pesquisar dentro de si este sentimento tão destrutivo — o ódio —, sem medo de encontrá-lo, muitas vezes, direcionado aos seus pais ou àqueles ligados à sua criação. É preciso encarar com realismo: As pessoas mais próximas a nós são as que podem nos causar mais danos, porque nelas depositamos confiança e expectativas e, muitas vezes, não somos correspondidos.

Então, depois de encarar seus ódios com coragem e entender que doenças e até dificuldades financeiras são produtos da falta de perdão, o próximo e principal passo é começar a perdoar, praticando exercícios simples, mas que necessitam de sua persistência, porque "feridas abertas" costumam sangrar, de vez em quando.

Vou ensinar, aqui, uma técnica que aprendi, anos atrás, fantástica e transformadora: durante 21 dias, escreva em um papel 30 vezes, a cada dia, buscando penetrar em um positivo estado emocional, a seguinte declaração: *"Eu declaro que me perdoo e perdoo... (*coloque aqui o nome de quem você tem ressentimentos)". No começo, é normal a dificuldade até de escrever o nome da outra pessoa, tamanho o poder que ela exerce sobre você. Entretanto, com o passar dos dias, você se sentirá mais confiante e perceberá oportunidades surgindo, amizades saudáveis e uma alegria e esperança que há tempos não vivenciava. É a prova da libertação começando a envolver sua vida, seu trabalho e seus caminhos.

Com meu sábio pai, o médico psiquiatra Elias Barbosa (1934-2011), aprendi algo precioso que quero compartilhar com você. Em seu jeito franco de ser, ele afirmava: *"Se você não quer sofrer decepções em sua vida, guarde bem: Dos seres humanos só espere duas coisas — coices e alfinetadas! O que vier de bom é lucro, e, nesse caso, seja grato!"*

Então, para o resto de sua vida, entenda: ninguém muda a natureza de ninguém. Perdoar é justamente deixar de lado a esperança de que as pessoas ou circunstâncias poderiam ter sido diferentes e seguir em frente, sem julgamentos.

E, nessa firme intenção de fortalecer a decisão do perdão, aprimore seu gosto pelas leituras construtivas, porque um bom livro é companheiro abençoado para ajudá-lo a enfrentar seus medos, rancores, culpas, enfim, para superar os desafios do mundo e vencer!

PAUSA PARA REFLEXÃO

Jogue fora suas batatas

Autor desconhecido

O professor solicitou aos alunos que levassem batatas e uma bolsa de plástico para a aula.

Ele pediu para que separassem uma batata para cada pessoa de quem sentiam mágoas, escrevessem seus nomes nas batatas e as colocassem dentro da bolsa. Algumas das bolsas ficaram muito pesadas.

A tarefa consistia em, durante uma semana, levar a todos os lados a bolsa com batatas. Naturalmente, a condição das batatas foi se deteriorando com o tempo.

O incômodo de carregar a bolsa, a cada momento, mostrava-lhes o tamanho do peso espiritual diário que a mágoa ocasiona, bem como o fato de que, ao colocar a atenção na bolsa, para não esquecê-la em nenhum lugar, os alunos deixavam de prestar atenção em outras coisas que eram importantes para eles.

Esta é uma grande metáfora do preço que se paga, todos os dias, para manter a dor, a bronca e a negatividade. Quando damos importância aos problemas não resolvidos ou às promessas não cumpridas, nossos pensamentos enchem-se de mágoa, aumentando o estresse e roubando nossa alegria.

Perdoar e deixar estes sentimentos irem embora é a única forma de trazer de volta a paz e a calma.

Agora que você já refletiu sobre a força negativa dos ressentimentos, é hora de pensar mais a respeito das culpas que ainda insistem em pesar em sua consciência...

7

Culpa — Terrível Sentimento do Passado

Você acredita que uma pessoa que se sinta culpada pelos erros passados possa ser feliz? Pois eu creio que sim, desde que ela pegue suas culpas — verdadeiro lixo emocional — e as "envelope" no passado. Como fazer isso? Ao se sentir culpada e arrependida, é hora de começar o exercício do autoperdão, parando de se julgar com tanto rigor e de cobrar perfeição de si mesma.

Se você carrega culpas em sua história de vida, responda-me: Hoje você faria de novo aquilo que o faz se sentir culpado? Não? Então, desfaça-se da arrogância de querer ser perfeito e lembre-se de que já é uma pessoa melhor. O autoperdão e o reconhecimento de que ainda somos imperfeitos são caminhos para uma vida mais feliz! Errar faz parte da natureza humana, e a grandeza está em reconhecer os próprios erros, saber pedir perdão e buscar uma trajetória em que você mesmo saia da sua frente e pare de atrapalhar seu crescimento pessoal e profissional.

É isso mesmo! A pessoa com culpas no coração, pela necessidade de se autopunir, vive doente, não prospera financeiramente, convive mal com os familiares, atrai acidentes, afastando tudo o que pode ser bom para ela, pois, de forma inconsciente, acredita que não merece viver bem e, assim, não se permite ser feliz. E o pior: por nunca estar bem consigo mesma, não consegue fazer nada pela felicidade dos outros também!

As doutrinas reencarnacionistas explicam, com sabedoria, o sofrimento presente como o pagamento de dívidas ou erros de vidas passadas. No entanto, o grande perigo é que muitas pessoas se apegam tanto às culpas do passado, que perdem a chance de viver um presente com qualidade, união familiar, saúde física e emocional, e, sobretudo, com gestos de generosidade com o próximo — atitudes que são muito mais produtivas na remissão de suas culpas.

O que passou você não pode mudar, mas você pode fazer muito melhor agora. E este poder interior que faz parte de seu ser só poderá se manifestar a partir do momento em que você virar as costas para o passado e assumir seu papel de senhor do seu destino, do seu presente e do seu futuro, capaz de contribuir, com seus talentos e boa vontade, para a evolução deste magnífico mundo em que você vive.

Afinal, o tempo é um tesouro precioso que você tem hoje, agora, e é neste momento que a vida acontece de verdade, oferecendo maravilhosas oportunidades de acertos, vitórias e muito sucesso!

Como bem disse o notável médium espírita brasileiro Chico Xavier (1910-2002): *"Embora ninguém possa voltar atrás e fazer um novo começo, qualquer um pode começar agora e fazer um novo fim"*.

Portanto, cabeça erguida, sentimentos renovados e muita alegria em seu coração, porque a prosperidade e a felicidade só se manifestam em mentes e ambientes alegres e positivos!

PAUSA PARA REFLEXÃO

Pesos desnecessários

Autor desconhecido

Um conferencista falava sobre os pesos que insistimos em carregar durante nossa vida. Levantou um copo com água e perguntou à plateia:

— Quanto vocês acham que pesa este copo d'água?

As respostas variaram entre 20 gramas e 500 gramas.

O conferencista, então, comentou:

— Não importa o peso absoluto. Depende de quanto tempo vou segurá-lo. Se o seguro por um minuto, tudo bem. Se o seguro durante uma hora, terei dor no braço. Se o seguro durante um dia inteiro, vocês terão de chamar uma ambulância para mim. O peso é exatamente o mesmo, mas quanto mais tempo passo segurando-o, mais pesado vai ficando. Se carregarmos nossos pesos o tempo todo, mais cedo ou mais tarde não seremos mais capazes de continuar, pois a carga vai se tornando cada vez mais pesada. É preciso largar o copo e descansar. Isso alivia e nos torna capazes de continuar. Assim é na vida: os sentimentos negativos do passado — mágoas, culpas ou saudades dos tempos que não voltam mais — são pesos que carregamos tempo demais e que apenas nos adoecem e não nos deixam livres para desfrutar das alegrias do presente e construir um futuro promissor. A vida é tão curta, aproveitem-na!

E ainda falando do destrutivo sentimento de culpa, vamos refletir sobre o quanto é necessário um cuidado especial com nossas palavras e atitudes, no decorrer da vida...

8

Culpa por Más Palavras

Sendo a culpa um dos sentimentos que mais paralisam a vida das pessoas, reflitamos, agora, sobre a culpa por más palavras.

Nos relacionamentos humanos, as palavras têm um poder muito grande: ou elas constroem ou destroem. Constroem quando são direcionadas ao nosso próprio crescimento e ao daqueles à nossa volta. E destroem quando magoam, criticam, fazem fofocas ou ferem os sentimentos dos outros.

E como a "lei do plantar e colher" é infalível, ao proferir más palavras, dentro de você pode ser gerado — de forma consciente ou, na maioria das vezes, inconsciente — um sentimento de culpa que vai desencadear um mecanismo de autopunição e, mais cedo ou mais tarde, o conduzirá a frustrações, decepções ou doenças.

Veja dois exemplos bem comuns e tristes: 1) O filho jovem que critica e hostiliza o pai que é alcoólatra e, décadas depois, sem perceber, rende-se, também, ao álcool como forma inconsciente de autopunição por sua intolerância com o pai; 2) A filha que vê a mãe suportar maus-tratos do pai e fica criticando e acusando-a por não tomar a atitude de abandoná-lo. Anos mais tarde, escolhe como parceiro um homem rude como o pai e, como autopunição por ter sido tão crítica com a mãe, não consegue também se impor nem se desvencilhar desse relacionamento tóxico.

Sabendo disso, cuidado: na vida familiar, em que você pensa que é livre para falar o que quiser, modere suas palavras e seja mais carinhoso e paciente com aqueles que fazem parte de sua história pessoal. Na vida profissional, procure se dirigir a todos com respeito e educação, de forma que sua consciência esteja sempre leve por saber que você tratou os outros como gosta de ser tratado ou, se possível, até melhor!

Consciência tranquila é senha poderosa para você abrir as portas da prosperidade em sua vida.

A pungente dor do arrependimento

Extraído de *O Livro das Virtudes II*, de William J. Bennett

Um homem estava sentado ao lado do caixão de sua companheira, triste e amargurado.
De repente, viu passar à sua frente um desfile de formas belas e brilhantes, leves, de lábios rosados e olhos claros de alegria.
— Quem são vocês, belas criaturas? — perguntou ele.
E elas responderam: — Somos as palavras que você poderia ter dito a ela.
— Ah! Fiquem comigo! — implorou o homem. — Suas belas formas são como um punhal me cortando o coração, mas, mesmo assim, fiquem comigo, pois ela está fria e muda e estou sozinho.
Elas responderam: — Não, não podemos ficar porque não temos existência. Somos apenas a luz que jamais brilhou.
E foram embora. O homem continuou triste e amargurado.
De repente, viu se erguer entre ele e o caixão um bando de formas terríveis, pálidas, de lábios brancos e olhos de fogo. O homem estremeceu.
— Quem são vocês, formas horrendas? — perguntou ele.
E elas responderam: — Somos as palavras que ela ouviu de você.
O homem gritou aterrorizado: — Saiam daqui, deixem-me só! Melhor a solidão do que a sua companhia!
Mas elas se sentaram em silêncio, fixaram os olhos no homem e permaneceram com ele para sempre.

E guarde bem: "para sempre", no fim deste conto, é um modo de dizer do autor — uma expressão de impacto —, porque sabemos que o sentimento de culpa pode e deve ser erradicado de nossa vida pelo arrependimento seguido da mudança de conduta.

Então, enquanto é tempo, irradie boas energias àqueles que o cercam, fazendo por merecer a alegria de viver, saúde e paz!

É... Realmente não é fácil penetrar nosso "eu" e descobrir quantos sentimentos guardados, remoídos e machucados tentamos esconder durante nossa vida. Contudo, só crescemos de verdade quando tomamos consciência das dores que nos afetam e começamos a agir no sentido de curá-las, uma a uma...

9

Dores da Alma

Viver bem é realmente uma arte! A vida é tão cheia de surpresas e decepções que o ser humano precisa mesmo ser um artista para elaborar suas alegrias e dores, no decorrer da existência. Em dias felizes, tudo é uma maravilha e, muitas vezes, passamos por eles sem a menor valorização ou gratidão. Outras pessoas, em fases positivas da vida, em sua insegurança, ficam tão desconfiadas e temerosas de que estes momentos acabem que não aproveitam para saborear o presente.

Entretanto, triste mesmo é quando as dores batem à nossa porta — dores físicas, em razão das doenças — e as dores morais — mais sofridas que as primeiras. Dores morais são aquelas dores da alma que, em nossa fraqueza humana, permitimos que nos dominem. São elas: ingratidão dos filhos, decepções familiares ou amorosas, fracassos financeiros e emocionais etc.

São nessas provações que nossa fé e otimismo são testados. Nesses momentos é que o ser humano precisa entender que viver bem é seu maior desafio e que esses testes são necessários na escola da vida. Se os encaramos com desespero, ressentimento e negativismo acabaremos por não aprender as lições essenciais à nossa evolução e teremos de "repetir de ano". A descrença e a revolta diante do sofrimento nos tornam mais amargos e pouco receptivos às intuições que podem nos conduzir às respostas e soluções de que necessitamos.

Se você está hoje machucado com alguém que muito ama, guarde em seu coração este sábio provérbio chinês: *"Me ame quando eu menos merecer, pois é quando eu mais preciso!"*. Talvez pareça penoso colocá-lo em prática quando a alma está ferida, mas é muito eficaz para resolver conflitos, sejam quais forem.

Portanto, só há um caminho para você superar suas dores da alma e se permitir ser feliz: a decisão de reescrever sua história, com fé, equilíbrio e um poderoso desejo de praticar o mais libertador de todos os atos — o perdão!

Entendendo o sofrimento

Lynell Waterman

Um ferreiro, depois de uma juventude cheia de excessos, decidiu entregar sua alma a Deus. Durante muitos anos, trabalhou com afinco, praticou a caridade, mas, apesar de toda sua dedicação, nada parecia dar certo em sua vida. Muito pelo contrário: seus problemas e dívidas acumulavam-se cada vez mais.

Uma bela tarde, um amigo que o visitava e que se compadecia de sua difícil situação, comentou:

— É realmente muito estranho que, justamente depois de você resolver se tornar um homem temente a Deus, sua vida começou a piorar. Eu não desejo enfraquecer sua fé, mas, apesar de toda sua crença no mundo espiritual, nada tem melhorado.

O ferreiro não respondeu imediatamente; ele já havia pensado nisso muitas vezes, sem entender o que acontecia em sua vida. Entretanto, como não queria deixar o amigo sem resposta, começou a falar e terminou encontrando a explicação que procurava:

— Eu recebo nesta oficina o aço ainda não trabalhado e preciso transformá-lo em espadas. Você sabe como isso é feito? Primeiro, eu aqueço a chapa de aço num calor infernal, até que ela fique vermelha. Em seguida, sem nenhuma piedade, eu pego o martelo mais pesado e aplico vários golpes, até que a peça adquira a forma desejada. Logo ela é mergulhada em um balde de água fria e a oficina inteira se enche com o barulho do vapor, enquanto a peça estala e grita por causa da súbita mudança de temperatura. Tenho de repetir esse processo até conseguir a espada perfeita: uma vez apenas não é suficiente.

O ferreiro fez longa pausa e continuou:

— Às vezes, o aço que chega às minhas mãos não consegue aguentar esse tratamento. O calor, as marteladas e a água fria terminam por enchê-lo de rachaduras. E eu sei que jamais se transformará numa boa lâmina de espada. Então, eu simplesmente o coloco no monte de ferro-velho que você viu na entrada da minha oficina.

Mais uma pausa, e o ferreiro concluiu:

— Sei que Deus está me colocando no fogo das aflições. Tenho aceitado as marteladas que a vida me dá e, às vezes, me sinto tão frio e insensível como a água que faz sofrer o aço. Mas a única coisa que peço é: *"Meu Deus, não desista até que eu consiga tomar a forma que o Senhor espera de mim. Tente da maneira que achar melhor, pelo tempo que quiser, mas jamais me coloque no monte de ferro-velho das almas!"*

É isso aí! Quando você entende seu sofrimento, fica mais fácil superá-lo.

Em meu dia a dia, sempre que necessário, repito esse trecho da Oração da Serenidade, de autoria de Reinhold Niebuhr (1892-1971): *"Concede-me, Senhor, a serenidade necessária para aceitar as coisas que não posso modificar, coragem para modificar as que eu posso e sabedoria para distinguir umas das outras. (...)"*

Chega uma hora em que você, cansado de supervalorizar suas dores e se sentir vítima da vida, vai entender que precisa dar um basta e seguir adiante, vislumbrando, assim, novos caminhos esperando por você...

10

Chega de Sofrer

Sei que o mundo está cheio de sofrimento, mas você já percebeu quanta gente que só fala de notícias ruins e enfatiza os fracassos e tragédias? Ainda é grande o número de pessoas que tiveram oportunidades de estudos, inteligentes, que poderiam ter uma vida muito melhor, saúde e finanças em equilíbrio, relacionamentos saudáveis, porém, elas se sabotam, ao pensarem e agirem com pessimismo, lamúrias e revoltas.

Tem gente que compete com os outros para ver quem sofre mais, quem tem mais dívidas ou mais doenças... Isto acontece muito: uma pessoa comenta com outra algo problemático em sua vida e, na mesma hora, a outra faz questão de contar que a vida dela está pior, que o marido é mais complicado, que já fez um "sem-número" de cirurgias, vive no médico, ou a sogra é isso, o filho é aquilo, sempre querendo mostrar para o mundo que seu sofrimento é maior. Que lástima!!!

E o pior é que, diante deste "clima" de assistencialismo arraigado em nosso país, tenho visto muita gente se orgulhar de ser pobre para poder receber benefícios do governo, bolsas de estudos, cotas sociais e outros sutis incentivos à miséria e à estagnação.

Pois agora eu pergunto: Você quer crescer e acordar logo para a vida? Então chega de sofrer! A partir de hoje, dê um basta nas situações mal resolvidas! Diga para si e para o mundo: *"Chega! Eu quero viver melhor! Só aceito o que for bom para mim! Não mereço viver indefinições, amores que vêm e vão, negócios que não dão certo, ouvir críticas por todo lado! Quero ser eu mesmo e vou ser surdo ao negativismo dos outros! Chega de sofrer, porque do sofrimento vou tirar apenas a lição!"*

Daqui para frente, mesmo sabendo que o que dá mais "ibope" é ser vítima ou "coitadinho", deixe de lado esses padrões limitantes e coloque bom humor e entusiasmo em suas atitudes.

Busque crescer como pessoa e profissional, e guarde a fórmula da prosperidade: vontade + imaginação. Vontade de prosperar já é o primeiro passo, mas coloque a imaginação — que é mais forte que a vontade — para funcionar: Imagine-se próspero, feliz, realizado e cheio de generosidade para com o mundo.

Pense positivo, seja otimista em seus relacionamentos, acredite em seu potencial e prepare-se, porque, agindo assim, muitas surpresas agradáveis o esperam!

Pausa para reflexão

É loucura...

Autor desconhecido

É loucura...

Odiar todas as rosas porque uma lhe espetou.

Entregar todos os seus sonhos porque um deles não se realizou.

Perder a fé em todas as orações porque numa você não foi atendido.

Desistir de todos os esforços porque um deles fracassou.

Condenar todas as amizades porque uma lhe traiu.

Descrer de todo amor porque um deles lhe foi infiel.

Jogar fora todas as chances de ser feliz porque uma tentativa não deu certo.

Espero que em sua caminhada não cometa essas loucuras.

Lembre-se que sempre há outra chance, outra amizade, um novo amor, uma nova força.

É só ser perseverante e procurar ser mais feliz a cada dia.

A glória não consiste em jamais cair, mas sim em erguer-se toda vez que for necessário!

Além de dar um basta em seus sofrimentos e começar a criar esperança em dias melhores, dê um basta também no péssimo hábito de julgar os outros ou as situações. Veja por quê...

11

O Perigo de Julgar

Como é fácil, para algumas pessoas, perceber os defeitos dos outros! Que habilidade perversa esta — a de enxergar nos outros seus erros, comentá-los e, por vezes, até aumentar o que viram!

Sei que é um padrão de comportamento que muitos aprenderam na infância, mas, na vida adulta, conscientes da importância dos pensamentos na criação da realidade em que vivem, precisam transformar essas tendências negativas em atitudes construtivas.

Você sabe por que alguns indivíduos insistem em se ocupar com a vida alheia? Porque ainda não descobriram que podem e devem marcar um encontro consigo mesmos, olhar para dentro de si e entenderem que são também seres humanos carentes de compreensão e que, como todo mundo, têm virtudes e defeitos. O problema é que enquanto eles se voltam para ver os defeitos daqueles que os cercam, eles conseguem fugir de suas próprias dificuldades e, ao comentar os erros dos outros, camuflam as próprias falhas, colocando-se como melhores e superiores.

O ato de julgar, muitas vezes precipitadamente, é bem evidente em pessoas mais rancorosas, que nutrem ressentimentos dentro de si. Tudo o que lhes acontece de bom, creditam ao seu próprio mérito, mas o que de ruim ocorre, a culpa é sempre dos outros... E aí, começam os julgamentos, a maledicência, a falta de caridade.

É importante saber que, geralmente, os julgadores são aqueles que acabam na solidão porque são amargos, cobradores e exigentes com os outros e complacentes demais consigo mesmos.

Você sabe por que a maioria das pessoas tem dificuldade em relação ao perdão? Porque julgam demais e se esquecem de que também são humanas e passíveis de erros e tropeços... Elas não sabem se colocar no lugar dos outros, vendo sob o prisma que eles veem. Por isso, tantos ódios, tantas guerras, tanta incompreensão neste mundo.

É bom ressaltar, também, a respeito daqueles que só sabem ser generosos com os que estão sofrendo ou que são problemáticos, porque, assim, eles se sentem sempre "por cima". No trato com os bem resolvidos, esses indivíduos são frios, indiferentes ou críticos, em razão do devastador sentimento de inveja que ainda domina suas emoções e por não perceberem, nessa situação, uma oportunidade de se beneficiar com exemplos construtivos.

A grande verdade é que julgar é muito perigoso, e a maledicência é um pernicioso hábito que cria energias pesadas em torno do maledicente, porque, consciente ou inconscientemente, ele sabe que está "plantando" sementes doentes para sua futura colheita.

Se você quer ser uma pessoa bem relacionada e generosa, comece, desde já, a encarar os fatos e os erros humanos com mais compaixão. Busque entender a história de vida daqueles que você julga como perversos, corruptos, loucos, o que for... Coloque-se no lugar dessas pessoas e pense bem se você, com o passado que eles tiveram, conseguiria ser e fazer melhor. E mais, analise, sem desculpas, sua conduta em todas as áreas da vida e veja se realmente não há nenhuma atitude a ser recriminada. Não somos perfeitos ainda, e, com certeza, temos nossos deslizes.

Não podemos julgar, sabe por quê? Porque sempre existirão pessoas melhores do que nós, que também verão nossos erros e tolices e, é claro, não queremos ser julgados por isso. E como a colheita do que se planta é inevitável, a impiedade do julgador de hoje será sua dor de ser julgado amanhã!

Pausa para reflexão

Que vergonha...

Autor desconhecido

Certa vez, em uma cidade do interior do Brasil, um padeiro foi ao delegado e deu queixas do vendedor de queijos, que, segundo ele, estava roubando, pois vendia oitocentos gramas de queijo e dizia estar vendendo um quilo.

O delegado pegou o queijo de um quilo e constatou que só pesava oitocentos gramas e mandou prender o vendedor de queijos sob a acusação de estar fraudando a balança.

O vendedor de queijos, ao ser notificado da acusação, confessou ao delegado que não tinha peso em casa e, por isso, todos os dias, comprava do padeiro dois pães de meio quilo cada, colocava os pães em um prato da balança e o queijo em outro, e quando o fiel da balança se equilibrava, ele, então, sabia que tinha um quilo de queijo. O delegado, para tirar a prova, mandou comprar dois pães na padaria do acusador e pôde constatar que os dois pães, supostamente de meio quilo cada, equivaliam ao suposto um quilo de queijo.

Concluiu o delegado que quem estava fraudando a balança era o mesmo que acusava o vendedor de queijos.

Infelizmente, até hoje, há muitas pessoas que agem assim,
cobrando dos outros aquilo que não sabem ser.
E pior, preocupam-se demais com a vida alheia,
esquecendo-se de cuidar de sua própria vida...

12

Seja Solidário, Mas Cuide de Sua Vida

Diante de tantas tragédias e notícias negativas que os meios de comunicação insistem em enfatizar, sinto-me impelida a convidar o leitor para um momento de reflexão. Estamos vivendo tempos de insegurança pessoal e violência, quando até as pessoas consideradas calmas e "normais" podem ter seus momentos de desvario e cometer atos impensados ou abomináveis.

Nesses casos, o mais lamentável é a propaganda que a imprensa faz de tais fatos, que deveriam ser tratados apenas como informações, e não dando espaço para cada um fazer seu julgamento. Sinto-me mal com programas na TV que ficam repetindo cenas de acidentes, de crimes e de prisões, enquanto relatam os acontecimentos — um desserviço à sociedade.

Sou a favor de programas em TV e rádio que, com visão preventiva, entrevistem especialistas do comportamento humano para explicarem esses desvios de conduta que vemos com tanta frequência. Entretanto, é preciso muito cuidado com os julgamentos, porque é fácil acusar aqueles que não são nossos conhecidos, que nos são distantes. O difícil é quando a Lei do Retorno nos cobra pelas palavras acusatórias que jogamos ao vento, fazendo-nos "pagar a língua", como diz a sabedoria popular.

Os pensamentos e palavras carregam uma carga muito grande de energia que se espalha pelo ar e nos sintoniza com outras energias com as mesmas vibrações. Daí a necessidade de cultivar pensamentos positivos e elevados, para que nos sintonizemos com outras pessoas que são do bem.

Você pode notar que aqueles que comentam o mal e ficam com medo de acontecimentos ruins geralmente atraem para si aquilo que temem. Tudo por causa da energia que seus pensamentos emanam.

Procure, dessa forma, cuidar de sua própria vida, combatendo o pessimismo, a maledicência e a intolerância, grandes causadores de desavenças e males físicos e, na medida de suas possibilidades, seja solidário com as dores alheias. Afinal, você não sabe se um dia vai precisar também do olhar amigo de alguém para iluminar seus caminhos.

Portanto, sabendo do potencial de seus pensamentos, deixe fluir em você mesmo a compaixão pelas pessoas que ainda se comprazem no mal, e que suas palavras sejam sempre edificantes e em benefício dos outros.

Use sua força interior para irradiar vibrações de arrependimento para os culpados e de perdão para as vítimas, porque é chegado o momento de cada um de nós cumprir um papel digno neste Planeta — o plantio da paz e da solidariedade.

Pausa para reflexão

A ratoeira

Autor desconhecido

Um rato, olhando por um buraco na parede, viu o fazendeiro e sua esposa abrindo um pacote. Pensou logo em que tipo de comida poderia ter ali.

Mas ficou aterrorizado quando descobriu que era uma ratoeira. Foi para o pátio da fazenda e advertiu a todos: — Tem uma ratoeira na casa, tem uma ratoeira na casa!

A galinha, que andava ciscando de um lado para outro, levantou a cabeça e cacarejou: — Desculpe, sr. Rato, eu sei que é um grande problema para o senhor, mas não me prejudica em nada. Ratoeiras não são para as galinhas, portanto, não corro nenhum perigo por causa da ratoeira.

O rato foi até o porco: — Tem uma ratoeira na casa, uma ratoeira!

— Desculpe, sr. Rato, mas não há nada que eu possa fazer, a não ser rezar. Fique tranquilo que o senhor será lembrado em minhas preces — concluiu o porco, irônico.

O rato dirigiu-se, então, à vaca. Mas ela nem ligou para um animalzinho tão pequeno: — Você acha que eu estou em perigo por causa de uma ratoeirazinha? — falou a vaca, com desdém. E mugiu despreocupada.

Então o rato voltou para casa, cabisbaixo e abatido, para encarar sozinho a ratoeira do fazendeiro.

Naquela noite, ouviu-se na casa o barulho característico da ratoeira pegando sua vítima. A mulher do fazendeiro correu para ver o que tinha acontecido.

No escuro, ela não viu que a ratoeira tinha prendido a cauda de uma cobra venenosa. A cobra picou a mulher. O fazendeiro levou-a imediatamente ao hospital. Ela voltou com febre.

Todo mundo sabe que, para alimentar alguém com febre, nada melhor que uma canja. O fazendeiro pegou seu cutelo e foi providenciar o ingrediente principal — a galinha.

Como a mulher continuava mal, amigos e vizinhos vieram visitá-la. Para alimentá-los, o fazendeiro precisou matar o... porco.

A mulher não melhorou e acabou morrendo. Muita gente veio para o funeral. O fazendeiro, então, sacrificou a vaca para alimentar todo aquele povo.

Na próxima vez que você ouvir dizer que alguém está diante de um problema e acreditar que isso não lhe diz respeito, lembre-se desta história: "Quando há uma ratoeira na casa, toda a fazenda corre perigo".

Gotas de Sabedoria

"Quando vires um bom homem trata de imitá-lo; quando vires um homem mau examina-te a ti mesmo."
Confúcio (551 a.C. — 478 a.C.)

"Quem caminha em direção da luz não tem tempo de observar o que se passa nas trevas."
José Ingenieros (1877-1925)

E quanto tempo e oportunidades perdemos quando deixamos os preconceitos e os prejulgamentos tomarem conta de nossos pensamentos...
Vamos, agora, refletir sobre esta questão...

13

Oportunidades Perdidas

Você tem noção de quantas chances já perdeu em sua vida por causa de prejulgamentos ou preconceitos? Quantas oportunidades de crescimento pessoal e profissional ficaram para trás por causa de seu jeito de prejulgar pessoas e situações?

Se você percebe em si mesmo essa tendência, procure observar como andam seus relacionamentos familiares e profissionais. Com certeza, nada sólidos, porque ninguém aguenta conviver por muito tempo com quem não sabe ouvir primeiro para depois opinar, ou com quem é *expert* em condenar, julgar e acusar, ferindo os sentimentos daqueles que estão ao seu lado.

Conheço inúmeras histórias de pessoas que, ao prejulgarem os outros, só saíram no prejuízo ou cometeram gafes irreparáveis.

Outro dia, vi em um filme o seguinte: uma jovem havia batido em um carro estacionado na rua e, então, como não encontrou o dono do veículo, deixou um bilhete para ele, dizendo seu nome e telefone e pedindo que ele ligasse para marcarem um encontro (um bilhete com uma comunicação muito ruim, é verdade...). Quando o dono do automóvel chegou, não viu o estrago do seu carro — na porta do outro lado —, mas viu o bilhete preso no para-brisa e, ao lê-lo, numa extrema arrogância, entendeu que a moça estava interessada nele. Com desdém, ele embolou o bilhete e atirou-o na rua. Entrou no carro e foi embora... Com certeza, você já imagina a "dor de cabeça" que ele teve — aborrecimentos, perda de tempo e gastos — só porque prejulgou antes de avaliar todos os motivos possíveis para a existência daquele bilhete.

Que pessimismo...

Autor desconhecido

Era uma vez um homem que viajava por uma solitária estrada do deserto, em seu automóvel, e, de repente, seu pneu furou. Para seu espanto, descobriu que se esquecera de trazer o macaco para levantar o carro e trocar o pneu. Nesse instante, sem saber o que fazer, lembrou-se de que havia passado por um posto de serviços, uns quilômetros atrás. Então, saiu caminhando naquela direção, para pedir ajuda.

Mas como era um homem extremamente pessimista, caminhou o tempo todo pensando: *"Se o dono desse posto não quiser me dar ajuda, não tenho ninguém a quem recorrer. Estou realmente nas mãos daquele sujeito. Ele pode me cobrar um absurdo só para me emprestar o macaco para eu trocar o pneu. Ele pode me cobrar 100 reais... 500 reais... Mas que explorador!!! Que horror!!! Como tem gente que se aproveita do sofrimento dos outros!"*

Caminhando com seu negativismo, chegou ao posto, exausto e muito irritado. O dono se aproximou e, amigavelmente, perguntou em que poderia ajudá-lo. E o viajante, cheio de raiva, com a mente contaminada com tantos pensamentos destrutivos, respondeu:

— Quer saber? Pode ficar com seu maldito macaco, seu egoísta!!!

Você já notou que as pessoas que julgam demais os outros acabam evidenciando sua própria arrogância? Então, cuidado com seus olhares e palavras...

14

O Poder Destruidor da Arrogância

Quantos sofrimentos presenciamos neste mundo, tais como conflitos familiares, dificuldades em lidar com as próprias emoções, dores morais diversas, que poderiam ser evitados tão somente com o firme combate da própria arrogância.

O arrogante é aquele que não aceita sua realidade, não se permite errar — é perfeccionista — e não compreende os outros como são. Ele tem prazer em interferir na vida alheia, ditando regras e normas que acredita serem as melhores, julgando e prejulgando todo mundo. Não aceita perder, não admite opiniões contrárias e, melindroso que é, sente-se ofendido com tudo e todos.

Sua prepotência é tão grande que passa a vida pensando nos *"deveria"* e *"tem de"* — *"eu deveria fazer isso..."*, *"você tem de agir assim..."* — sempre exigente e impaciente consigo mesmo e com os outros. E como ninguém é perfeito, nem ele mesmo, decepciona-se facilmente, vivendo de mal com a vida, porque suas idealizações, em geral, não são correspondidas. Falta-lhe modéstia para aceitar a vida como ela é, e compaixão para entender as imperfeições dos outros.

Engana-se quem pensa que a arrogância é um defeito só dos ricos e poderosos... Há muitas pessoas portando uma mascarada humildade para disfarçar seu caráter presunçoso e autossuficiente — são críticas, maledicentes, vivem dizendo por aí que *"desta água não beberei..."*, e sentem-se bem somente ao lado daqueles em situação pior que a sua, porque, assim, podem parecer melhores do que são.

Como é típico do arrogante julgar demais, ele está sempre magoado com alguém, porque é incapaz de se colocar no lugar do outro e enxergar do ponto de vista daqueles que sofrem com suas críticas amargas e destruidoras.

Sempre digo que manter-se na arrogância é falta de inteligência, pois as atitudes prepotentes afastam amigos e trancam portas para as oportunidades.

Se você se reconhece nestas linhas, saiba que sempre é tempo de mudar e melhorar! O único caminho para sua mudança é a aceitação dinâmica da vida, ou seja, sem acomodação, porém com compaixão por aqueles que ainda não conseguem corresponder às suas expectativas, inclusive você mesmo!

Pare de exigir a mudança dos outros e do mundo e comece, agora mesmo, a mudar o seu próprio rumo. O caminho é esse! A escolha é sua!

Pausa para reflexão

Arrogância perigosa

Autor desconhecido

Este é um diálogo supostamente verídico, travado em outubro de 1995 entre um navio da Marinha norte-americana e as autoridades costeiras do Canadá, que demonstra o poder destruidor da arrogância.

Os americanos começaram na maciota: — Favor alterar seu curso 15 graus a norte para evitar colisão com nossa embarcação.

Os canadenses responderam prontamente: — Recomendamos alterar o seu curso 15 graus para sul.

Os americanos ficaram mordidos: — Aqui é o capitão de um navio da Marinha norte-americana. Repito, mude o seu curso.

Mas os canadenses insistiram: — Não, mude o seu curso atual.

O negócio começou a ficar feio.

O capitão americano berrou ao microfone: — Este é o porta-aviões USS Lincoln, o segundo maior navio da frota americana no Atlântico. Estamos acompanhados de três destróieres, três fragatas e numerosos navios de suporte. Eu exijo que vocês mudem seu curso 15 graus para norte — um, cinco graus norte, ou então tomaremos contramedidas para garantir a segurança do navio.

E os canadenses responderam: — Aqui é um farol, câmbio!

Você viu? Esta postura de "donos da verdade" pode ser muito perigosa. Vamos, então, refletir mais um pouco a esse respeito...

15

Donos da Verdade

Como você já deve saber, é um desafio lidar com quem se comporta como "dono da verdade". É alguém que acha que sabe tudo, diz o que quer e não aceita opinião de ninguém.

Os "donos da verdade" são, geralmente, pessoas muito orgulhosas e egocêntricas, que só ouvem os outros quando têm algum interesse por trás.

Os adolescentes, por exemplo, em sua "síndrome de onipotência" demonstram, com clareza, esse comportamento. Tudo o que os pais ou as pessoas mais experientes lhes dizem é considerado, por eles, como ultrapassado, e o pior é que eles acreditam que eles e seus jovens amigos é que estão sempre com a razão. Até que um dia a realidade vem à tona...

Existem, na vida, pessoas que aprendem pelo amor e outras que só aprendem pela dor. Aqueles mais dóceis, com uma inteligência emocional mais equilibrada, sabem ouvir e respeitar a opinião alheia e são mais ponderados. Em consequência, eles têm uma vida mais calma e encontram muito mais oportunidades de crescimento.

Já os "donos da verdade", em sua pseudo-autoconfiança, colocam uma ideia na cabeça, incapazes de aceitar outros pontos de vista, e, na maior parte das vezes, só "acordam para a vida" depois de muito sofrimento, decepções e amarguras.

Seja pelo amor ou pela dor, um dia todos nós aprenderemos as lições que levam ao sucesso e à felicidade. Entretanto, se você quer ser feliz agora, cultive em sua vida mais humildade, brandura e bom senso. Isso só depende de você!

Pausa para reflexão

O monge que achava que sabia tudo

Autor desconhecido

Conta uma lenda que um monge, após completar 20 anos de reclusão em um mosteiro na Índia — onde viveu apenas para meditar, trabalhar,

ler escrituras sagradas —, achou que havia atingido a iluminação e, em estado de êxtase, saiu dizendo a todas as pessoas que encontrava pelo caminho que Deus estava em tudo, nas árvores, nos animais, na terra, no céu, nas pessoas.
Ao se encaminhar para o mercado, surge, de repente, um enorme elefante desgovernado correndo em sua direção, mas o monge ficou parado afirmando para as pessoas que Deus estava em tudo e também estava no elefante, por isso ele não lhe faria nenhum mal.
As pessoas gritavam para que ele saísse do caminho do elefante, mas ele permaneceu indiferente, dizendo que Deus estava no elefante, por isso não corria nenhum perigo. O dono do elefante, que estava em cima do animal desorientado, também gritava para que o monge saísse do caminho, mas o monge não deu ouvido e permaneceu parado.
Nesse instante, o animal, que vinha em grande velocidade, atropelou-o e deixou-o todo machucado.
O monge foi levado ao médico e, após voltar a si, começou a se lamentar com a enfermeira, por ter perdido 20 anos da sua vida tentando alcançar a iluminação e, quando achou que havia compreendido que Deus estava em todas as coisas, um acidente horrível aconteceu.
— Eu achava que Deus estava em tudo, principalmente naquele elefante, mas veja só o que ele me fez. Estou desiludido... — disse o monge.
A enfermeira, que ouvia tudo atentamente, o interrompeu e disse que a situação não era bem assim.
O monge irritado e teimoso não concordou com ela.
Mas a enfermeira continuou: — Se você colocar a mão na consciência, vai compreender que Deus está em tudo. Você é que não soube perceber esse fato no momento em que o incidente ocorreu. Deus estava presente naquelas pessoas no mercado que gritavam para que você saísse do caminho; Deus também estava presente no dono do elefante, que dizia para você sair da frente. Deus estava presente dizendo para você sair do caminho do elefante naquele momento, mas você não soube escutá-lo.
Foi, então, neste instante, que o monge, envergonhado, compreendeu que ainda faltava muito para ele aprender sobre Deus...

A arrogância é, sem dúvida, a ausência de humildade. O arrogante não confia em ninguém, nem mesmo em Deus, e não aceita suas próprias limitações. Falta-lhe humildade e inteligência para assumir que não sabe tudo e que deve se colocar na posição de aprendiz da vida, reconhecendo os mais sábios e experientes, para ouvir e aprender com eles.

Geralmente, a arrogância anda ao lado da agressividade. O que você pensa a respeito das pessoas irritadas e agressivas?

16

Agressividade é Falta de Argumentos

É espantoso como a agressividade anda à solta! Na vida familiar, na social, na profissional, por todos os lados, enfim, temos notícias de pessoas que não sabem se relacionar de forma pacífica com as outras, só se comunicam com gritos ou agressões verbais e até mesmo físicas. Com certeza, suas emoções estão em desequilíbrio, a autoestima em frangalhos e sentem uma intensa raiva da vida. Elas descontam naqueles à sua volta suas frustrações ou seus problemas existenciais mal resolvidos, como se os outros tivessem obrigação de aceitar seus ataques.

A atitude agressiva, seja de quem for, é inaceitável, sempre foi e sempre será. Quem tem seu amor-próprio desenvolvido e elevada autoconfiança jamais se permite ser tratado com ofensas.

Agressividade é um comportamento típico de quem não tem argumentos, daqueles que não são bons comunicadores e que não têm habilidade para se relacionar bem com os outros. Indivíduos inseguros, ciumentos, egoístas, além dos ansiosos e preocupados, precisam observar seus atos impulsivos, sua impaciência e intolerância, que podem se manifestar por palavras ou atitudes ofensivas.

A pessoa violenta é aquela que tem dificuldade em lidar com as objeções, não aceita um "não" como resposta e enfrenta as adversidades com revolta e acusações. Para ela, a culpa é sempre dos outros.

Nos relacionamentos violentos, a ingestão de álcool e o uso de drogas tornam-se fatores agravantes, pois geralmente desencadeiam distúrbios de comportamento ainda mais sérios e preocupantes.

Assim, é preciso uma observação cuidadosa nas atitudes, principalmente das crianças e dos jovens. A agressividade é sempre um sinal de alerta para que os familiares tomem uma postura firme diante dos fatos, assumindo seus problemas e procurando apoio médico e psicológico para superá-los. Comportamentos agressivos, se não tratados, podem gerar grandes aborrecimentos futuros para todos os envolvidos.

E mais: quem é irritado e agressivo é um forte candidato à solidão, porque não há relacionamento que sobreviva em meio à violência, à arrogância e ao desrespeito.

O imperador chinês

Extraído do livro *Histórias Interessantes*, de Assis Almeida

Conta-se que certo imperador chinês, quando foi avisado a respeito de uma insurreição que estava se desenvolvendo em uma das províncias do seu império, disse aos ministros do seu governo e aos chefes militares que o cercavam: — Vamos. Sigam-me. Destruirei os meus inimigos imediatamente.

Quando o imperador e suas tropas chegaram ao lugar onde se encontravam os rebeldes, ele os tratou com tanta brandura e amabilidade que, em gratidão, todos se submeteram a ele voluntariamente.

Aqueles que compunham a comitiva do imperador pensaram que ele ordenaria a imediata execução de todos os que haviam se rebelado contra o seu domínio, mas ficaram muito surpreendidos ao vê-lo tratando-os com tanto carinho e afeto. Intrigado com a humilhante atitude do soberano e julgando-o um quase covarde, o primeiro-ministro, um tanto agastado, perguntou: — É desta forma que Vossa Excelência cumpre sempre sua ameaça? Não nos disse, no início da caminhada, que viríamos aqui para vê-lo destruir seus inimigos? E prosseguiu: — Ora, a única atitude que tomou foi a de anistiá-los com um gesto humanitário... Estamos todos verdadeiramente estarrecidos com o perdão indiscriminado e, sobretudo, com o carinho extremado com que premiou cada um dos revoltosos.

Depois de ouvir atenciosamente a censura de seu ministro e ainda outras tantas críticas feitas pelos demais auxiliares, o imperador, tomado de um sereno ar de generosidade, disse-lhes: — Sim, lembro-me que prometi solene e decididamente destruir todos os meus inimigos. E agora eu lhes pergunto: — Estão vendo algum inimigo meu? Certamente que não, pois a todos tenho feito amigos.

Essa é uma verdade sem contestação. Podemos destruir os inimigos pela força, pela violência, pela soberania. Entretanto, feito isto, não há dúvidas, muitos outros inimigos nascerão em face da atitude prepotente.

Todavia, quando se procura ganhar um inimigo com gestos de amor, de compreensão e bondade, fatalmente surgirão muitos outros amigos que, atraídos pela experiência vivida pelo semelhante, também se deixam transformar, seguindo o exemplo de amor e perdão em relação aos inimigos.

Prosseguindo nessa viagem em busca de seu tesouro interior, preciso é que você compreenda que revolta e reclamações só atrasam o seu crescimento pessoal e profissional.
Será que você é uma pessoa que se sente vítima da vida?

17

Reclamar não Resolve

Problemas, dificuldades, desavenças... Quantas dores que precisam de cura, e soluções a serem encontradas...

Você pode até achar mais cômodo passar a vida reclamando, no entanto, lamentações não vão resolver seus problemas; pelo contrário, vão complicá-los ainda mais, porque a energia negativa de seus pensamentos e palavras influenciam nos resultados de suas escolhas.

Observe-se hoje: como você tem vivenciado a maravilhosa experiência de estar vivo "aqui e agora"? Sei que muitos, infelizmente, vão me responder que estão frustrados ou decepcionados com algumas pessoas, com o trabalho ou consigo mesmos. Outros dirão que estão bem conformados com os sofrimentos, porque deve ser isso o que merecem e pronto! E você: qual a sua resposta? Espero que nenhuma das que citei, e sim uma declaração madura, tal como: *"Tenho meus problemas, mas não me acomodo com eles. Procuro resolvê-los, um a um, sem colocar a responsabilidade de minhas dificuldades em mãos alheias, e faço o possível para não me decepcionar com os seres humanos, porque sei que cada um só pode oferecer aquilo que tem, que já desenvolveu dentro de si".*

Na vida, uns são reativos — os reclamadores, os revoltados, os "coitadinhos" — e outros são proativos — os que fazem acontecer, que são senhores do seu destino, protagonistas de sua história. E você... Quem é você?

Pense bem: são muitos os indivíduos infelizes e depressivos porque viveram ou ainda vivem em função dos outros — filhos, pais, maridos, esposas —, esquecendo-se do quanto eles mesmos são importantes e especiais para o mundo. E as decepções acontecem justamente na vida de quem coloca expectativas nos outros, esquecendo-se de que ninguém é igual a ninguém, e mais, ninguém muda ninguém a não ser a si mesmo.

Pare de se magoar com o comportamento inadequado de outras pessoas. Pense em você e procure crescer, cada vez mais, para que sua doação para o mundo seja de tudo o que você tem de melhor e mais especial: VOCÊ MESMO!

Se seus pais não lhe ofereceram o carinho e o respeito que você sempre esperou receber deles, perdoe-os! Eles passaram para os filhos aquilo que tinham com eles — crenças positivas e negativas também, medos, mágoas, culpas... E se você não quiser errar tanto assim com seus filhos, trate de mudar sua postura, soltando as amarras da raiva e da culpa e procurando se melhorar, com leituras sadias, amizades de valor e religiosidade em seu dia a dia.

Assim, para que sua vida seja mais leve e feliz, é fundamental saber lidar com os aborrecimentos, aprender a ser grato pelo que já tem e deixar de reclamar pelo que não tem...

Lembre-se: A melhor forma de você não sofrer com a ingratidão e incompreensão alheias é entender que cada um dá o que tem dentro de si.

Pausa para reflexão

Cada um dá o que tem

Autor desconhecido

Em uma pequena cidade do interior do Brasil havia duas vizinhas que não se toleravam e viviam de implicância uma com a outra.

Um dia, porém, uma delas — dona Maria — resolveu acabar com a inimizade, tentando uma aproximação com dona Clotilde que, não acreditando na sinceridade da vizinha, quis testá-la, enviando a ela uma cesta de presente coberta com um lindo papel, porém cheia de esterco de vaca.

Dona Maria estranhou o presente, mas não revidou, como a rancorosa vizinha esperava.

Dias depois, dona Clotilde recebeu em casa, enviada por dona Maria, uma linda cesta repleta das mais belas flores de um jardim, com o seguinte bilhete: *"Este é o presente que lhe ofereço em prova da minha amizade. Estas lindas flores foram cultivadas com o esterco que você me enviou e que proporcionou excelente adubo para meu jardim. Afinal, cada um dá o que tem em abundância em sua vida!"*

Muita gente passa a vida responsabilizando os outros por suas dificuldades, terceirizando sua felicidade. Além disso, há pessoas que se dizem perseguidas por inimigos que não as deixam prosperar...
Então, chegou a hora de conversarmos sobre seu verdadeiro e maior inimigo — VOCÊ!

18

Inimigo de Si Mesmo

Muito se tem falado a respeito dos cuidados que cada pessoa deve ter com os próprios inimigos, as formas de se prevenir do veneno da inveja alheia, porém, o que pouco se diz é que nossos maiores inimigos moram dentro de cada um de nós: são nossos medos, o pessimismo, sentimentos invejosos, a culpa, o egoísmo, o orgulho, o ressentimento, a maledicência e outros mais.

Nossos inimigos externos, quando tentam nos prejudicar, fazem, na verdade, um grande bem, porque nos levam a aperfeiçoar aquilo que é objeto de suas críticas, ou fazem com que nos tornemos mais fortes e corajosos. No entanto, devastador mesmo é quando descobrimos que nossos verdadeiros inimigos são criações de nossa mente e que os nutrimos com pensamentos negativos.

Nessa viagem de autoconhecimento, aos poucos, você vai perceber que a atitude de cultivar o pessimismo faz com que você se torne inimigo de si mesmo. Os medos, por exemplo, criam barreiras para seu crescimento global, em que você acaba perdendo oportunidades brilhantes durante a vida.

Outra forma de se prejudicar é quando você se critica demais, acreditando em programações que fizeram em sua mente, anos e anos atrás.

Você se torna seu próprio inimigo quando não se permite ser feliz, não saboreia os deliciosos momentos de convivência com os familiares e amigos e não se entrega ao amor, aproveitando as alegrias ao seu dispor.

O inimigo de si mesmo é aquele que crê na palavra "impossível", nos problemas sem solução ou acredita na escassez. Tudo para ele é difícil e traumático e autoconfiança é um sentimento que ele desconhece.

A pessoa que cria e alimenta inimigos dentro de si é aquela que carrega grandes sentimentos de culpa em seu coração, e essa culpa — que mora no passado — age em seu inconsciente fazendo com que nada do que seja bom para ela possa acontecer em sua vida. Cria-se, neste caso, uma condição de autopunição acompanhada de uma sensação de não merecimento da prosperidade e do sucesso a que todos nós temos direito.

Se você se identificou com este tipo de pessoa, por meio desta breve descrição, saiba que só você, ninguém mais, pode transformar seus inimigos internos em grandes aliados, pela conscientização de seus defeitos e a firme decisão de mudar o padrão de seus pensamentos.

E, para isso, nada melhor que leituras e cursos de autoconhecimento.

PAUSA PARA REFLEXÃO

Que monstro é este?

Alf Lohne

Há uma velha lenda nórdica que fala de um homem possuído por alguma espécie de ser maligno que tentava arruinar sua vida.

O monstro estraçalhou o teto de sua casa, espatifou as janelas e destruiu o jardim. Matou seu gado e provocou o fracasso de sua colheita.

Finalmente, o homem, não suportando mais a situação, decidiu lutar contra o monstro. Iniciou-se a árdua batalha. Ambos caíram e lutaram pelo chão.

Por algum tempo, o resultado foi incerto. Então, reunindo todas as forças, o homem ficou sobre o monstro e o segurou contra o solo. Puxou a faca para exterminar o inimigo.

Mas, exatamente nesta hora, o vento afastou as nuvens e um brilhante facho de luz do luar iluminou a face do monstro. O homem sentiu-se sacudido por um choque que afetou sua vida: a face que vira era a sua própria!

Por isso, eu lhe digo: ninguém pode prejudicar você, a não ser você mesmo.

E assim, você vai se conhecendo mais, avaliando como está sua vida, como são suas atitudes e o que você pode fazer para viver com qualidade. E neste processo de interiorização para se conhecer melhor, hora de refletir sobre um sentimento nada produtivo: a autopiedade... Vamos prosseguir, então, nesta viagem...

19

Vítima de Si Mesmo

Você já ouviu falar da "síndrome do coitadinho"? Pois é... Quanta gente nesta situação de autopiedade, de negativismo e revolta. O mais lamentável é que o "coitadinho", em sua posição de vítima do mundo, acaba por se tornar vítima de si mesmo, vítima de sua impaciência e perfeccionismo.

Há pessoas que não conseguem conviver com as próprias limitações e com as incapacidades daqueles que as rodeiam. Como já dissemos antes, elas são cobradoras em excesso, e tendem a culpar o mundo por seus fracassos, arrumando pretextos, justificativas para não assumir o leme de sua própria vida. Fazem questão de se autodepreciar diante de outras pessoas — *"Eu não faço nada direito...", "Eu só dou trabalho para vocês...", "A minha vida está um caos...", "Ninguém me entende...", "Eu sou um azarado..."* — numa forma inconsciente de responsabilizar os outros por sua infelicidade.

A vítima é aquela pessoa que, por meio de chantagens emocionais bem sutis, coloca todos à sua volta compadecidos de seu sofrimento, buscando consolo e atenção. Ela se compraz tanto com essa situação de pesar que, muitas vezes, compete com os outros para ver quem tem mais problemas e desilusões. E, neste processo, sua vida vai ficando cada vez pior, mais caótica. Como não enxerga o próprio potencial e vive com revolta, o "coitadinho" desenvolve uma inveja dos bem-sucedidos, distanciando-se cada vez mais da realização de seus projetos. Ele se sente incapaz de aceitar mudar e reagir — *"Eu nasci assim, vou morrer assim!"*.

O mais triste é que o "coitadinho", com seu pessimismo, suga tanto as energias de quem lhe dá atenção que, em pouco tempo, acaba sozinho e deprimido porque é inviável e nada saudável conviver com quem não se valoriza e não assume seus erros, suas escolhas e seus caminhos.

A única forma de a vítima sair do fundo desse poço de emoções doentias é perdoar-se por suas limitações e escolher aprender com as dores e crises, colocando-se no comando de sua própria existência.

É preciso encontrar um sentido para viver, uma automotivação para mudar e um incentivo, vindo de dentro de si, para ser feliz e proporcionar aos outros uma presença leve, alegre e bem-humorada.

Pausa para reflexão

A princesa obstinada

Extraída do livro *Histórias da Tradição Sufi*

Certo rei acreditava que o correto era o que lhe haviam ensinado e aquilo que pensava. Sob muitos aspectos, era um homem justo, mas também uma pessoa de ideias limitadas.

Um dia, ele reuniu suas três filhas e lhes disse: — Tudo o que tenho é de vocês, ou será no futuro. Por meu intermédio vieram a este mundo. Minha vontade é o que determina o futuro de vocês, e, portanto, seu destino.

Obedientes e persuadidas da verdade enunciada pelo pai, duas das moças concordaram. Mas a terceira retrucou: — Embora a minha posição me obrigue a acatar as leis, não posso acreditar que meu destino deva ser sempre determinado por suas opiniões.

— Isso é o que veremos — disse o rei.

Ordenou que prendessem a jovem numa pequena cela, onde ela penou durante alguns anos. Enquanto isso, o rei e suas duas filhas submissas dilapidaram bem depressa as riquezas que, de outro modo, também seriam gastas com a princesa prisioneira.

O rei disse para si mesmo: — Essa moça está encarcerada não por vontade própria, mas sim pela minha. Isto vem provar, de maneira cabal para qualquer mentalidade lógica, que é minha vontade, e não a dela, que está determinando seu destino.

Os habitantes do reino, inteirados da situação de sua princesa, comentaram: — Ela deve ter feito ou dito algo realmente grave para que um monarca, no qual não descobrimos nenhuma falha, trate assim sua própria filha, semente viva de seu sangue.

Mas ainda não haviam chegado a ponto de sentir necessidade de contestar a pretensão do rei de ser sempre justo e correto em todos os seus atos.

De tempos em tempos, o rei ia visitar a moça. Conquanto pálida e debilitada pelo longo encarceramento, ela se obstinava em sua atitude.

Finalmente, a paciência do rei chegou a seu derradeiro limite: — Seu persistente desafio — disse à filha — só servirá para me aborrecer ainda mais, e aparentemente enfraquecerá meus direitos, caso você permaneça em meus domínios. Eu poderia matá-la, mas sou magnânimo. Assim, me limitarei a desterrá-la para o deserto que faz divisa com meu reino. É uma região inóspita, povoada somente por animais selvagens e proscritos excêntricos, incapazes de sobreviver em nossa sociedade racional. Ali logo descobrirá se pode levar outra existência diferente daquela vivida no seio de sua família; e, se a encontrar, veremos se a preferirá à que conheceu aqui.

O decreto real foi prontamente acatado, e a princesa conduzida à fronteira do reino. A moça logo se encontrou num território selvagem e que guardava uma semelhança mínima com o ambiente protetor em que havia crescido. Mas bem depressa ela percebeu que uma caverna podia servir de casa, que nozes e frutas provinham tanto de árvores como de pratos de ouro, que o calor provinha do Sol. Aquela região tinha um clima e uma maneira de existir próprios.

Depois de algum tempo, ela conseguiu organizar sua vida tão bem que obtinha água de mananciais, legumes da terra cultivada e fogo de uma árvore que ardia em chamas.

"Aqui", murmurou para si própria a princesa desterrada, "há uma vida cujos elementos se integram, formando uma unidade, mas nem individual ou coletivamente obedecem às ordens de meu pai, o rei."

Certo dia, um viajante perdido, casualmente um homem muito rico e ilustre, encontrou a princesa exilada, enamorou-se dela e a levou para seu país, onde se casaram.

Passado algum tempo, os dois decidiram voltar ao deserto, onde construíram uma enorme e próspera cidade. Ali, sua sabedoria, recursos próprios e sua fé se expandiram plenamente. Os "excêntricos" e outros banidos, muitos deles tidos como loucos, harmonizaram-se plena e proveitosamente com aquela existência de múltiplas facetas.

A cidade e a campina que a circundava se tornaram conhecidas em todo o mundo. Em pouco tempo, eclipsara amplamente em progresso e beleza o reino do pai da princesa obstinada.

Por decisão unânime da população total, a princesa e seu marido foram escolhidos como soberanos daquele novo reino ideal.

Finalmente, o pai da princesa obstinada resolveu conhecer de perto o estranho e misterioso lugar que brotara do antigo deserto, povoado, pelo menos em parte, por aquelas criaturas que ele e os que lhe faziam coro desprezavam.

Quando, de cabeça baixa, ele se acercou dos pés do trono onde o jovem casal estava sentado e ergueu seus olhos para encontrar os daquela soberana, cuja fama de justiça, prosperidade e discernimento superava em muito o seu renome, pôde captar as palavras murmuradas por sua filha:

— Como pode ver, pai, cada homem e cada mulher têm seu próprio destino e fazem sua própria escolha.

Você viu o quanto é importante combater a piedade por você mesmo? Enquanto você fizer parte do "clube das vítimas", sua vida não vai deslanchar.
Quer saber por quê? Então vamos em frente...

20

Autopiedade — Um Pântano Sedutor

Passar por problemas na vida é algo a que já devíamos estar acostumados, porque a perfeição ainda não é deste mundo.

Admiro muito as pessoas positivas que enfrentam suas dificuldades de cabeça erguida, sempre aguardando por momentos melhores, por tempos mais prósperos. Não se deixam levar pelo desânimo e encaram seus fracassos como etapas do processo de crescer.

Entretanto, existem os pessimistas por natureza, que se deixam abater por qualquer contratempo e passam uma imagem aos outros de sofredores, vítimas do mundo, com sentimentos de autopiedade, como se não houvesse outra escolha senão sofrer e aceitar a situação.

Ficam tão intensamente preocupados consigo mesmos — são egocêntricos — que perdem o interesse pelos outros. Tornam-se pessoas aborrecidas, implicantes e utilizam-se de chantagens emocionais na tentativa de atrair a atenção dos que as cercam. Mas o que conseguem, na verdade, é a solidão. A família e os amigos se afastam, porque é terrível conviver com quem, consciente ou inconscientemente, não quer melhorar, nem sair do fundo desse poço de emoções doentias.

O indivíduo carregado de autopiedade acha que o mundo lhe deve alguma coisa, que as pessoas são injustas com ele e vive dando justificativas confusas para as situações. Ele sabota suas próprias possibilidades, pois não enxerga nada além de sua autoimagem sofrida.

A autopiedade é típica de quem quer ser e ter mais do que merece. É sentir-se "arrasado" por não ver suas vontades realizadas.

A autopiedade compromete o desempenho profissional, porque a pessoa perde a vontade de criar, se aventurar e progredir. É uma prisão degradante, um sentimento negativo poderoso que cria um círculo vicioso de tortura mental que consome todas as energias da pessoa, levando-a à depressão.

A culpa costuma andar ao lado da autopiedade. Quem sente culpa e não consegue se perdoar, desenvolve em si mesmo a autopunição e, então, começa a sentir piedade de si mesmo, por estar nesta situação. Sentir culpa e piedade de si mesmo é, muitas vezes, um movimento de fuga. É mais fácil sofrer e se sentir um coitado do que tomar nas mãos a responsabilidade por construir a própria felicidade, pois isso só acontece com esforço pessoal.

O importante é saber que a cegueira provocada pela autopiedade pode ser curada. Quem passa por esse "tormento" deve compreender, primeiramente, que a vida só lhe dará aquilo que for oferecido a ela.

É preciso ocupar seu tempo com os que o cercam, interessando-se em contribuir para a melhoria do mundo; utilizar os recursos do autoconhecimento, desenvolvendo sua autopercepção; aprender com seus fracassos; procurar a excelência em seu trabalho e, acima de tudo, assumir responsabilidade pela própria vida, perdoar-se pelos deslizes do passado, mudando, definitivamente, seu padrão de pensamento.

"A autopiedade é um pântano sedutor. Afundar-nos nele exige muito menos esforço do que a fé, a esperança ou a simples ação." (Autor desconhecido).

Por isso, todo cuidado ainda é pouco para você não se perder nesse "pântano".

Só assim — sem pena de si mesmo e cheio energias boas para distribuir pelo mundo — é que será possível que você alcance a felicidade e a plenitude de viver!

Pausa para reflexão

Dona Felicidade

Autor desconhecido

Dizem que dona Felicidade mora longe dos sonhadores, mas não é verdade, não! Dona Felicidade mora sempre onde colocamos nossos sonhos. Uns colocam seus sonhos em lugares muito altos, imaginam que ser feliz é possuir tudo; outros, já calejados pela vida e pelas lutas do dia a dia, aprenderam a colocar seus sonhos em lugares próximos, buscando realizar apenas um sonho de cada vez.

Dona Felicidade, ao contrário do que dizem as más línguas, não é exigente, não é «madame esnobe» que se esconde do povo; pelo contrário, dona Felicidade é simples e muito humilde, é tão simples e tão humilde que, às vezes, está bem na nossa cara e não a enxergamos.

Quantas pessoas passam uma vida inteira procurando por ela e ela está bem na frente de seus narizes. Mas, guarde bem: dona Felicidade exige que cada pessoa que deseja realmente encontrá-la vá pessoalmente procurá-la. Ai daqueles que entregam sua felicidade na mão dos outros, ai daqueles que esperam que outras pessoas venham trazer a felicidade para sua vida.

Pobre daqueles que investem sua vida em tentar mudar alguém, em consertar uma pessoa, em julgar outras... Dona Felicidade está sentada à sua frente, está pertinho de você, basta enxergar a vida com a lente da simplicidade, dar o primeiro sorriso (afinal, dona Felicidade é muito alegre), dar o primeiro passo para se libertar de qualquer tipo de escravidão (dona Felicidade é a própria liberdade), parar de ser a vítima infeliz (dona Felicidade não acredita em vítimas, acredita em ação e reação).

Por fim, dona Felicidade manda um recado para você que por qualquer motivo esteja sofrendo, esteja triste, desanimado da vida: "O tempo é o melhor remédio e melhor conselheiro para qualquer situação. Então, não julgue, deixe o tempo trazer a resposta".

Enquanto isso, lute por sua felicidade, lembrando-se que você é a parte mais importante de sua vida e muito importante para a própria vida.

Sorria sempre mais!

Vamos continuar esta expedição pelos seus sentimentos e emoções, refletindo, agora, sobre as decepções no amor...

21

Decepção Amorosa

É impressionante o número de pessoas que ainda, em pleno século XXI, sofrem decepções amorosas. Isso me espanta, sabe por quê? Porque só se decepciona com um amor aquela pessoa que coloca "esse amor" acima de tudo em sua vida; aquela pessoa que não se ama em primeiro lugar, não se valoriza, e não entende que as idealizações a respeito do amor geralmente são muito perigosas.

Hoje, portanto, escrevo para todos aqueles que se encontram deprimidos ou revoltados por ter passado por uma decepção amorosa. Primeiramente, não diga que sofreu uma decepção, e sim, viveu. Passou, e só representará sofrimento em sua vida se assim você quiser. Por isso, jamais sofra pelas perdas, porque elas, sistematicamente, trazem a semente de um benefício maior! Como diz um ditado: *"Se perder, ganhe ao menos a lição!"*

É preciso aceitação, tempo e paciência... E, mais ainda, exercitar o perdão, libertando-se das correntes do ódio e do desejo de vingança. Sim, porque se você permanecer na sintonia desses baixos sentimentos, somente atrairá para sua vida mais problemas amorosos, um após o outro. Por isso, perdoar é uma grande atitude de inteligência.

E mais: nada acontece em sua vida sem que você, de forma consciente ou inconsciente, tenha dado permissão.

Portanto, o que passou faz parte de sua história de vida, mas não lhe pertence mais. Agora, vida nova, colocando-se sempre como sua melhor companhia e como a pessoa mais importante de sua vida.

Nada de buscar um "salvador" ou uma "muleta" para você! Quando você se ama de verdade, sua segurança interior se torna um ímã que atrairá para você pessoas também autoconfiantes e confiáveis. Entende isso? É tudo questão de sintonia, e isso só depende de você e de seus pensamentos em relação ao amor. Mas, por favor: pés no chão, sabendo que a perfeição, em qualquer área da vida, ainda não faz parte deste mundo.

E, neste recomeçar, guarde bem: o grande segredo para evitar uma decepção amorosa é saber visualizar — não idealizar — para sua vida sempre o melhor, acreditar que você merece o melhor, mas colocar suas expectativas sobre você e não sobre o outro — o seu amor. Não é o outro que pode melhorar ou piorar sua vida — é você mesmo!!!

Na verdade, você é o único responsável por suas escolhas e, se as atitudes daquele que você ama não combinam com aquilo que você acredita que merece receber — o melhor —, não se decepcione, não! Deixe-o ir... Desapegue-se...

Não há sentimento mais triste e humilhante do que estar ao lado de quem não lhe quer bem!

Pausa para reflexão

Poema da prosperidade

Autor desconhecido

Nem a tristeza, nem a desilusão,
Nem a incerteza, nem a solidão,
NADA ME IMPEDIRÁ DE SORRIR.
Nem o medo, nem a depressão,
Por mais que sofra meu coração,
NADA ME IMPEDIRÁ DE SONHAR.
Nem o desespero, nem a descrença,
Muito menos o ódio ou alguma ofensa,
NADA ME IMPEDIRÁ DE VIVER.
Em meio às trevas, entre os espinhos,
Nas tempestades e nos descaminhos,
NADA ME IMPEDIRÁ DE CRER EM DEUS.

Mesmo errando e aprendendo,
Tudo me será favorável,
Para que eu possa sempre evoluir
Preservar, servir, cantar,
Agradecer, perdoar, recomeçar...

QUERO VIVER O DIA DE HOJE
COMO SE FOSSE O PRIMEIRO,

Quero viver o momento de agora
Como se ainda fosse cedo,
Como se nunca fosse tarde.

Quero manter o otimismo,
Conservar o equilíbrio,

Fortalecer a minha esperança,
Recompor minhas energias,
Para prosperar na minha missão
E viver alegre todos os dias.

Quero caminhar na certeza de chegar,
Quero lutar na certeza de vencer,
Quero buscar na certeza de alcançar,
Quero saber esperar
Para poder realizar os ideais do meu ser.
Enfim,

Quero dar o máximo de mim, para viver
Intensamente e maravilhosamente
TODOS OS DIAS DA MINHA VIDA.

Gotas de sabedoria

"Lamentar as experiências vividas é uma forma de impedir o próprio desenvolvimento."
Oscar Wilde (1854-1900)

"Todos nós sofremos da sensação de que há, naquele que amamos, perfeição."
Sidney Poitier

"Vale mais um bom desengano do que andar a vida inteira enganado."
Adágio Popular

"Decepção não mata, ensina a viver."
Anônimo

"Apesar de você, amanhã há de ser outro dia."
Chico Buarque

É..., amigo leitor, como diz um velho ditado *"Antes ser a flor esmagada do que o pé que a pisa"*.

Vamos, então, continuar refletindo sobre fortes emoções...

22

Com Sentimentos não se Brinca

Um dos maiores medos do ser humano é o de não ser aceito, não ser amado. Lamentavelmente, muitas crianças crescem em um ambiente hostil, onde as críticas fazem parte do cotidiano familiar e, com isso, a única forma de se sentirem amadas é se adequando aos modelos que os adultos lhes fornecem. E isso é prejudicial demais ao desenvolvimento de sua individualidade e autoestima.

Há pais e professores que, irrefletidamente, brincam com os sentimentos infantis de insegurança e transformam estes pequenos em pessoas de emoções instáveis, irritadiças e condicionadas a só dizer "sim", mesmo quando querem dizer "não". Conheço casos de filhos adultos que contam que, quando pequeninos, seus pais faziam ameaças de abandono ou de não os amarem mais, caso eles não fossem "bonzinhos".

Crianças que crescem em meio a chantagens e atemorizações tornam-se adolescentes problemáticos, porque chega uma hora em que não aguentam mais as pressões dentro do lar, ou da escola, e partem para a rebeldia e, algumas vezes, até para a marginalidade. Ou então se fecham para o mundo e, tristes e desiludidos da vida, buscam um "consolo" nos vícios. E, ainda, há o perigo de, quando adultos, repetirem os mesmos padrões de sua infância com seus filhos ou alunos. Essas são causas de tantos desajustes emocionais e infelicidades que ainda imperam em nosso mundo.

A única maneira de cortar este círculo vicioso é pela conscientização desses problemas. Se um jovem ou um adulto, com dificuldades emocionais, procura trabalhar o autoconhecimento, aos poucos, vai começar a se lembrar dos velhos condicionamentos de sua infância e das crenças limitantes com as quais foi "programado". E a partir de um processo de perdão em relação àqueles ligados à própria criação, começa, então, sua libertação e, em consequência, sua transformação. Feliz é o indivíduo que reconhece suas limitações e, independentemente de seu passado, busca crescer — este é o perfil dos vencedores!

Daí a importância de divulgar para o mundo a força que cada pessoa tem dentro de si de identificar e mudar o que não está bom, de recomeçar a cada momento uma nova história, e, sabendo desse potencial, aprender a usá-lo para o bem comum.

Como vivemos em constante evolução, cuidemos melhor de nossas crianças, joias que para serem lapidadas necessitam de muito amor, elogios merecidos e, acima de tudo, da presença da verdade, sempre!

Pausa para reflexão

O menino das meias vermelhas

Carlos Heitor Cony

Todos os dias, ele ia para o colégio com meias vermelhas. Era um garoto triste, procurava estudar muito, mas na hora do recreio ficava afastado dos colegas, como se estivesse procurando alguma coisa. Os outros guris zombavam dele, implicavam com as meias vermelhas que ele usava.

Um dia, perguntaram por que o menino das meias vermelhas só usava meias vermelhas.

Ele contou com simplicidade: — No ano passado, quando fiz aniversário, minha mãe me levou ao circo. Botou em mim essas meias vermelhas. Eu reclamei, comecei a chorar, disse que todo mundo ia zombar de mim por causa das meias vermelhas. Mas ela disse que, se me perdesse, bastaria olhar para o chão e quando visse um menino de meias vermelhas saberia que o filho era dela.

Os garotos retrucaram: — Você não está num circo! Por que não tira essas meias vermelhas e joga fora?

Mas o menino das meias vermelhas explicou: — É que a minha mãe abandonou a nossa casa e foi embora. Por isso eu continuo usando essas meias vermelhas. Quando ela passar por mim vai me encontrar e me levará com ela.

É isso aí... Com sentimentos não se brinca, seja em que fase da vida for...
E vamos falar, agora, de outra forma de decepção: a dos "bonzinhos"...

23

A Solidão dos "Bonzinhos"

Sarah representa tudo de bondade que uma pessoa possa ter... Só que ela sempre foi "boazinha" demais para os outros e, nesse processo, esqueceu-se de si mesma.

Desde pequena, apesar de seu temperamento independente, a menina Sarah foi a filha mais obediente, a mais companheira dos pais e, com isso, a mais requisitada da família.

Na juventude, fazia tudo pelos irmãos mais novos, renunciando até aos seus passeios para financiar o divertimento deles. Em seu interior, sentia-se poderosa por poder servir a todos...

Casou-se e, em busca de aprovação como esposa e mãe exemplar, abdicou de sua carreira e entregou sua vida à família, até que... Vinte e cinco anos depois, viu-se sozinha, pois o marido a trocou por outra mulher, e os dois filhos a quem ela tanto se dedicou, tomaram, naturalmente, seus caminhos profissionais em países diferentes.

E agora, onde está Sarah? Ah... Sarah, magoada e decepcionada, está sozinha em um hospital especializado em tratamento de câncer, recuperando-se de uma séria cirurgia de retirada de seu seio direito, invadido por um tumor maligno.

E a família e os amigos de Sarah... Onde estarão? Estão cuidando de suas próprias vidas e, no tumulto do dia a dia, o máximo que fazem por ela é um rápido telefonema.

Esta é uma história real, que tenho certeza que se parece com a de muita gente, infelizmente! Sarah representa todas aquelas pessoas que se sentem pequenas diante dos outros, com necessidade de se mostrarem fortes e protetoras, e que, em sua insegurança, buscam constantemente comportamentos adequados para serem aprovadas e elogiadas. Com grande abalo em sua autoestima, elas são incapazes de dizer "não" sem culpas. Na verdade, só dizem "não" para si mesmas!

Não são os bons — são os "bonzinhos"! E o pior é que, no "dicionário" dos folgados, "bonzinho" quer dizer "bobinho"!

Bonzinhos são indivíduos dos quais todo mundo se lembra na hora da necessidade, na hora de pedir um favor, mas quando o jogo vira... Ninguém está disponível para apoiá-los.

E, nesse caso, a única forma de terem a atenção que acreditam que merecem é, de forma inconsciente, adoecendo ou acidentando-se. Mas, mesmo assim, todos aqueles que lhe devem favores aparecem para uma rápida visita e, de novo, desaparecem.

Você sabe por que isso acontece com os "bonzinhos"? Porque eles não se valorizam, não se colocam como o centro de sua vida, não se tratam bem e não acreditam que mereçam ser bem tratados.

Saiba que tudo aquilo que você pensa a seu respeito tem uma energia tão poderosa que é como se estivesse escrito em sua testa: *"Eu tenho valor, portanto, respeite-me"* — ou então, ao contrário: *"Pode pedir... eu estou aqui para servir a todos!"*.

O grande perigo é que, pela vaidade e orgulho que sentem ao perceber como tanta gente precisa de seus benefícios, muitos "bonzinhos" insistem nesse papel, mesmo que, em troca de sua dedicação, ao invés de reconhecimento, recebam desprezo.

Marido, esposa, pais, filhos, quaisquer parentes, amigos, colegas de trabalho e até pessoas estranhas percebem muito bem a insegurança e, ao mesmo tempo, a vaidade dos "bonzinhos" e acabam cometendo abusos. Tempos depois, os "bonzinhos" ficam aí, cheios de mágoas e decepções com aqueles a quem eles tanto destinaram seus carinhos.

Pense nisso! Não estou, aqui, dizendo que você deva ser egoísta e egocêntrico! Não! O egoísta é aquele que pensa somente em si e tem seus interesses voltados para quem pode lhe trazer vantagens. Estou pedindo para que você se dê valor! Quem se valoriza, que é bom sem ser "bonzinho", busca primeiro se fortalecer para que possa, depois, irradiar sua força e alegria de viver para aqueles que o cercam.

Portanto, seja "bonzinho" apenas com você mesmo, e, com autoconfiança, autovalorização e abastecido de amor-próprio, seja bom, humano e sempre justo para com os outros.

E fique atento: a solidão não é uma punição só para egoístas e orgulhosos, porque os "bonzinhos" também acabam sozinhos!

PAUSA PARA REFLEXÃO

A dificuldade de agradar a todos

Autor desconhecido

Em pleno calor do dia, um pai andava pelas poeirentas ruas de Keshan, junto com seu filho e um jumento. O pai estava sentado no animal, enquanto o filho o conduzia, puxando a montaria com uma corda.

— Pobre criança! — exclamou um passante. — Suas perninhas curtas precisam esforçar-se para não ficar para trás do jumento. Como pode aquele homem ficar ali sentado tão calmamente sobre a montaria, ao ver que o menino está virando um farrapo de tanto correr?

O pai tomou a sério esta observação, desmontou do jumento na esquina seguinte e colocou o rapazinho sobre a sela.

Porém não passou muito tempo até que outro passante erguesse a voz para dizer: — Que desgraça! O pequeno fedelho lá vai sentado como um sultão, enquanto seu velho pai corre ao lado.

Esse comentário muito magoou o rapaz, e ele pediu ao pai que montasse também no burro, às suas costas.

— Já se viu coisa como essa? — resmungou uma mulher usando véu. — Tamanha crueldade para com os animais! O lombo do pobre jumento está vergado, e aquele velho que para nada serve e seu filho abancaram--se como se o animal fosse um divã. Pobre criatura!

Os dois alvos dessa amarga crítica entreolharam-se e, sem dizer palavra, desmontaram.

Entretanto, mal tinham andado alguns passos quando outro estranho fez troça deles ao dizer: — Graças a Deus que eu não sou tão bobo assim! Por que vocês dois conduzem esse jumento se ele não lhes presta serviço algum, se ele nem mesmo serve de montaria para um de vocês?

O pai colocou um punhado de capim na boca do jumento, pôs a mão sobre o ombro do filho e disse: — Independentemente do que fazemos, sempre há alguém que discorda de nossa ação. Acredito, meu filho, que somos nós mesmos que precisamos determinar o que é correto. A verdade é que, sendo impossível agradar a todo mundo, precisamos dar mais crédito aos nossos julgamentos internos e seguirmos em frente!

Mais gotas de sabedoria...

"A fórmula do sucesso eu ainda não sei; mas a do fracasso é querer agradar a todo mundo."
John Kennedy (1917-1963)

"A mágoa que não encontra desabafo nas lágrimas pode fazer outros órgãos chorar."
Henry Maudsley (1835-1918)

"Aqueles que nos magoaram fizeram apenas o que sabiam fazer, em razão das condições de sua vida. Se não perdoarmos, permitiremos que essas mágoas antigas continuem a nos dominar."
Wayne W. Dyer

E agora, quase encerrando a primeira parte de sua viagem às profundezas do seu "eu", vamos refletir sobre o quanto os complexos podem ser destrutivos para você.

24

Complexos que Destroem

Você já notou o quanto os complexos podem bloquear seu crescimento pessoal e profissional? Os mais prejudiciais e tão presentes ainda no dia a dia das pessoas são: complexo de inferioridade, de culpa, de perseguição, de abandono, ou mesmo os complexos em relação à capacidade intelectual, ao tamanho ou ao peso corporal etc.

Os complexos são típicos de quem não se aceita e não aceita a própria vida — pessoas insatisfeitas e revoltadas porque estão gordas, ou magras, ou porque são pobres, ou não têm estudos como gostariam de ter, estão desempregadas, são baixinhas ou altas demais... Não aprenderam a se apreciar como são, a se respeitar com suas qualidades e naturais limitações.

Os complexados são indivíduos negativos que vivem da comparação com as demais pessoas. E a dor do complexo costuma incomodar muito, fazendo com que a pessoa se afaste dos amigos e se isole da sociedade, pouco a pouco.

O mais lamentável, porém, é que a maioria dos complexos que conhecemos é infundada, são criações da própria mente da pessoa, que tem sua autoimagem distorcida ou destruída talvez pela falta de aprovação durante seu crescimento. Ouviu tantas críticas ao longo da infância e da adolescência, que se tornou um indivíduo pessimista e crítico em relação a si mesmo e aos outros. Não percebe que o encanto de cada ser humano está em suas diferenças, naquilo que ele mostra de especial e não nas padronizações que são pregadas pelas propagandas — corpo magro, pele jovem e sem rugas, e tantas outras "manipulações" das mídias.

Os complexos, especialmente aqueles ligados à aparência física, são muito prejudiciais aos relacionamentos afetivos, porque a pessoa, quando está se sentindo inferior ou feia diante de seu parceiro, não se abre para o amor e os carinhos. E essa situação só poderá ser revertida com o resgate da autoconfiança e autoestima. Por isso que sempre digo que o verdadeiro amor só acontece para quem se ama verdadeiramente.

Este tipo de complexo em relação ao corpo, muitas vezes, é tão atuante na vida da pessoa que se torna uma obsessão, que hoje é conhecida por "dismorfofobia" ou "síndrome da distorção da imagem" — um transtorno psicológico caracterizado pela preocupação obsessiva com algum defeito inexistente ou mínimo na aparência física. Casos muito sérios são relatados, principalmente, de jovens meninas acometidas por anorexia e bulimia, que são transtornos alimentares ligados às distorções da autoimagem — elas se olham no espelho e se veem sempre acima do peso real.

Além disso, é preciso considerar também os complexos que as pessoas carregam no decorrer da vida e transferem, de forma inconsciente, aos seus filhos, por meio de frustrações, irritabilidade ou mesmo culpas sem fundamento. E o triste é que as crianças, com tais exemplos no lar, crescem inseguras de seu valor e aprendem a viver na base da comparação, o que pode se tornar um enorme problema quando chegam à adolescência. Muitos jovens, para não se sentirem excluídos da turma, e para ocultar seus complexos (alguns aprendidos com seus pais), não conseguem dizer "não" aos "amigos da onça", às drogas e aos demais vícios, numa busca constante por aprovação.

Guarde bem: dar espaço aos complexos é abrir portas para as comparações que destroem sua autoimagem. Quando você para de se comparar com os outros, os sentimentos de inferioridade ou superioridade não se manifestam, e, então, você descobre a importância de ser você mesmo!

Pausa para reflexão

O quebrador de pedras

Autor desconhecido

Era uma vez um simples quebrador de pedras que estava insatisfeito consigo mesmo e com sua posição na vida. Um dia, ele passou em frente a uma rica casa e viu jardins luxuosos e importantes figuras que frequentavam a mansão.

"Quão poderoso é este mercador!" — pensou o quebrador de pedras. Ele ficou muito invejoso disso e desejou que ele pudesse ser como o comerciante. Para sua grande surpresa, ele, repentinamente, tornou-se o comerciante, usufruindo mais luxos e poder do que ele jamais tinha imaginado, embora fosse invejado e detestado por todos aqueles menos poderosos e ricos do que ele.

Um dia, um alto oficial do governo passou à sua frente na rua, carregado em uma liteira de seda, acompanhado por submissos atendentes e escoltado por soldados, que batiam gongos para afastar a plebe. Todos, não importava quão ricos, tinham de se curvar à sua passagem. "Quão poderoso é este oficial!" — ele pensou. "Gostaria de poder ser um alto oficial!" Então, ele se tornou o alto oficial, carregado em sua liteira de seda para qualquer lugar que fosse, temido e odiado pelas pessoas à sua volta.

Em um dia quente de verão, o oficial sentiu-se muito desconfortável na suada liteira de seda. Ele olhou para o Sol. Este fulgia orgulhoso no céu, indiferente à sua reles presença abaixo. "Quão poderoso é o Sol!" — ele pensou. "Gostaria de ser o Sol!" Então, ele se tornou o Sol. Brilhando ferozmente, lançando seus raios para a Terra sobre tudo e todos, crestando os campos, amaldiçoado pelos fazendeiros e trabalhadores.

Mas, um dia, uma gigantesca nuvem negra ficou entre ele e a Terra, e seu calor não mais pôde alcançar o chão e tudo sobre ele. "Quão poderosa é a nuvem de tempestade!" — ele pensou. "Gostaria de ser uma nuvem!" Então, ele se tornou a nuvem, inundando com chuva campos e vilas, causando temor a todos.

Mas, repentinamente, ele percebeu que estava sendo empurrado para longe com uma força descomunal, e soube que era o vento que fazia isso. "Quão poderoso é o vento!" — ele pensou. "Gostaria de ser o vento!" Então, ele se tornou o vento de furacão, soprando as telhas dos telhados das casas, desenraizando árvores, temido e odiado por todas as criaturas na Terra.

Mas, em determinado momento, ele encontrou algo que não foi capaz de mover nem um milímetro, não importasse o quanto ele soprasse em sua volta, lançando-lhe rajadas de ar. Ele viu que o objeto era uma grande e alta rocha. "Quão poderosa é a rocha!" — ele pensou. "Gostaria de ser uma rocha!" Então, ele se tornou a rocha. Mais poderoso do que qualquer outra coisa na Terra, eterno, inamovível.

Mas, enquanto ele estava lá, orgulhoso da sua força, ele ouviu o som de um martelo batendo em um cinzel sobre uma dura superfície, e sentiu a si mesmo sendo despedaçado. "O que poderia ser mais poderoso que uma rocha?" — pensou surpreso. Ele olhou para baixo de si e, surpreso, viu a figura de um simples quebrador de pedras.

"Quando eu disse ao caroço de laranja que dentro dele dormia um laranjal inteirinho, ele me olhou estupidamente incrédulo."

Hermógenes (filósofo e cientista grego, que viveu por volta dos anos 550/510 a.C.)

Em outra etapa desta fascinante viagem de descoberta do segredo de bem-viver, alguns capítulos à frente, vamos refletir um pouco mais sobre os complexos em relação ao peso corporal. Para quem enfrenta problemas com a autoestima, a solução é investir na descoberta de seu real valor, e o caminho é um só: superar o paralisador medo da crítica. Veja como fazer...

25

Supere o Medo da Crítica

Alegro-me, cada dia mais, ao perceber como as pessoas têm buscado aprender e crescer emocional, material e espiritualmente. Isto é uma evidência de que estão acordando para a vida e para a responsabilidade de suas próprias escolhas.

Entretanto, existe ainda muito forte nos seres humanos um sentimento imobilizador, que é o medo da crítica. Quantas pessoas passam a vida escondidas em suas prisões internas? São aqueles indivíduos tímidos que não têm a coragem devida para expor seus talentos e suas habilidades — muitas naturais, e outras adquiridas a custo de muito trabalho ou estudo. É... O medo da crítica paralisa as ações, e pessoas tomadas por tal temor não conseguem realizar nada inovador e criativo, muito menos quebrar paradigmas, porque pressentem que serão recriminadas em suas ideias.

Tenho observado, também, que os que mais temem as críticas são, geralmente, aqueles que criticam demais os outros, enxergam os defeitos antes das qualidades e pendem para a maledicência.

Então, para que sua vida possa fluir e oportunidades sejam aproveitadas quando chegarem até você, procure mudar seu ponto de vista, percebendo as críticas como incentivos para que você seja melhor e realize seu trabalho com mais capricho. Encare cada censura que receber como um novo desafio para seu crescimento e seu sucesso. Se você só receber elogios, corre o risco de se acomodar, o que é muito perigoso.

E guarde bem: para que a crítica não atrapalhe seu desempenho, fortaleça sua autoestima e sua autoconfiança. Dê sempre o melhor de si, abra-se para novos aprendizados e procure ver seus adversários ou inimigos — se os tiver — como pessoas capazes de abrir seus olhos para possíveis erros e motivá-lo a realizações cada vez mais nobres.

As críticas nos desafiam a crescer

Autor desconhecido

Segundo uma lenda, havia um rabino que era adorado em sua comunidade. Todos ficavam encantados com o que ele dizia, menos um homem que não perdia uma chance de contradizer as interpretações do rabino, apontar as falhas de seus ensinamentos. Os outros ficavam revoltados com o tal homem, mas não podiam fazer nada.

Um dia, esse homem, que contrariava o rabino, morreu, e, durante o enterro, a comunidade notou que o rabino estava profundamente triste.

Alguém perguntou e ao mesmo tempo afirmou: — Por que tanta tristeza? Ele vivia colocando defeitos em tudo que o senhor dizia e fazia...

E o rabino, em sua sabedoria, respondeu: — Eu não lamento pela pessoa dele, eu lamento por mim mesmo. Enquanto todos me reverenciavam e procuravam não discordar de mim, ele era o único que me desafiava, e eu era obrigado a melhorar. Agora que ele se foi, tenho medo de parar de crescer...

Pense nisso! Só há um meio de não ser criticado por ninguém: ser um "nada" na vida — não estudar, não trabalhar, não prosperar, não ser feliz e não fazer nada pelos outros... Será que compensa?

No capítulo que se segue, vamos refletir sobre um medo estranho e sutil, que poucos reconhecem que têm...
Um medo que carrega outros medos com ele — o medo de ser rico!

26

Cuidado com o Medo da Riqueza

O sucesso, o dinheiro e a fama trazem tamanha responsabilidade que vemos, comumente, pessoas que, apesar de toda a potencialidade para vencer na vida, temem a riqueza e correm da vitória, bloqueando todas as possibilidades de crescimento, não só pessoal quanto profissional e financeiro.

Uns têm medo do sucesso porque temem mais ainda o fracasso, ou seja, preferem viver na mediocridade que lhes dá um pouco de segurança do que se arriscar a crescer, por medo do "tombo" que pode acontecer com qualquer um. Não ousam sair de sua "zona de conforto" e, por isso, nunca prosperam.

Outros não deixam seus talentos se manifestarem porque, inconscientemente, percebem que têm capacidade de chegar ao topo e ser bem-sucedidos, mas não sabem como lidar com o sucesso diante de amigos e familiares fracassados. São aqueles que vivem para agradar aos outros, não conseguem dizer "não" quando é necessário e, de certa forma, até temem ter dinheiro porque não saberão negar empréstimos quando alguém vier lhes solicitar.

É verdade!!! São muitos os bloqueios que o ser humano cria ao seu redor que não o deixam prosperar e ser feliz: medo de se sentir humilhado com a derrota (caso aconteça), medo de ofender os outros com seu sucesso, medo da "tentação" da riqueza — porque acreditam, até hoje, que "rico não vai para o céu" —, medo de sucumbir ao peso da responsabilidade que acompanha o dinheiro e o sucesso.

Embora nossa criação, na maioria dos casos, tenha nos impregnado a crença limitante de que querer enriquecer é um desejo egoísta, eu vejo de maneira oposta: desejar ser rico é querer ter mais para proporcionar mais aos outros, não na forma de esmola e assistencialismo, que deseduca e degrada o caráter dos assistidos, e sim gerando empregos que levantam o moral e a autoconfiança daqueles massacrados pela desesperança e pela humilhação. Ou, então, usar seu dinheiro e a fama de seus negócios para criar fundações voltadas para a melhoria da qualidade de vida das pessoas ou que as preparem para o trabalho que dignifica.

Este é o papel primordial daqueles que são ricos, bem-sucedidos e famosos: servir de exemplo para outros ricos em potencial enfrentarem seus medos e prosperarem, proporcionando à sociedade mais oportunidades de crescimento e autovalorização.

A grande missão daquele que tem visão empresarial — do verdadeiro empreendedor que busca crescer e vencer na vida — é melhorar a economia do país, gerando mais empregos e devolvendo aos cidadãos a autoestima esmagada pelo desemprego e a miséria.

Lembre-se de que estamos neste mundo com a finalidade de contribuir, de servir, ou seja, de fazer uma diferença positiva, e o dinheiro é uma abençoada ferramenta para este fim.

Napoleon Hill, em seu livro *Você pode fazer os seus milagres*, afirma: *"Henry Ford alcançou a segurança econômica não necessariamente porque acumulou uma grande fortuna em dinheiro, mas sim por ter gerado empregos rentáveis para milhões de homens e mulheres, assim como transporte automobilístico seguro para um número ainda maior de pessoas".*

Pausa para reflexão

Chama da alma

Autor desconhecido

Em terras bem distantes, havia um rei que, apesar de ser muito rico, tinha a fama de ser um grande doador, desapegado de sua riqueza. De uma forma bastante estranha, quanto mais ele doava ao seu povo, auxiliando-o, mais os cofres do seu fabuloso palácio se enchiam.

Um dia, um sábio que estava passando por muitas dificuldades procurou o rei. Ele queria descobrir qual era o segredo daquele monarca. Como sábio, ele pensava e não conseguia entender como é que o rei, que não estudava as sagradas escrituras, nem levava uma vida de penitência e renúncia, ao contrário, vivia rodeado de luxo e riquezas, podia não se contaminar com tantas coisas materiais. Afinal, ele, como sábio, havia renunciado a todos os bens da Terra, vivia meditando e estudando e, contudo, se reconhecia com muitas dificuldades na alma. Sentia-se em tormenta. E o rei era virtuoso e amado por todos.

Ao chegar frente ao rei, perguntou-lhe qual era o segredo de viver daquela forma, e ele lhe respondeu: — Acenda uma lamparina e passe por todas as dependências do palácio e você descobrirá qual é o meu segredo. No entanto, há uma condição: se você deixar que a chama da lamparina se apague, cairá morto no mesmo instante.

O sábio pegou uma lamparina, acendeu e começou a visitar todas as salas do palácio. Duas horas depois, voltou à presença do rei, que lhe perguntou: — Você conseguiu ver todas as minhas riquezas?

O sábio, que ainda estava tremendo da experiência, porque temia perder a vida, se a chama apagasse, respondeu: — Majestade, eu não vi absolutamente nada. Estava tão preocupado em manter acesa a chama da lamparina que só fui passando pelas salas, e não notei nada.

Com o olhar cheio de misericórdia, o rei contou seu segredo: — Pois é assim que eu vivo. Tenho toda minha atenção voltada para manter acesa a chama de minh'alma, para que, mesmo diante de tantas riquezas que tenho, elas não me afetem. Tenho a consciência de que sou eu que preciso iluminar meu mundo com minha presença, e não o contrário.

Moral da história: Este sábio representa as pessoas insatisfeitas, aquelas que dizem que nada lhes sai bem, vivem irritadas e afirmam ter raiva da vida. O rei representa as criaturas tranquilas, ajustadas, confiantes. Criaturas que são candidatas ao triunfo nas atividades a que se dedicam. São sempre agradáveis, sociáveis e estimuladoras. Quando se tornam líderes são criativas, dignas e enriquecedoras. Deste último grupo saem os que promovem o desenvolvimento da sociedade, os gênios criadores e os grandes cultivadores da verdade.

E, encerrando esta primeira parte de sua viagem interior — o autoconhecimento —, é hora de entender como você pode se transformar em um ser humano melhor, viver com mais qualidade e encontrar sua excelência. Veja só...

27

Exemplos na Transformação Interior

Em sua vida, tanto pessoal quanto profissional, um dos fatores mais importantes para sua transformação interior é o exemplo. Você convive, em família ou em seu trabalho, com pessoas muito diferentes — uns melhores, outros piores que você —, e deve saber que a igualdade de sentimentos e conhecimentos jamais existirá.

Então, é preciso aprender a lidar com essas diferenças. Aqueles que são melhores que você podem servir de modelo para o tipo de pessoa ou profissional que você quer ser. Na Programação Neurolinguística (PNL), usa-se a "modelagem", que é o processo de observar os comportamentos positivos de uma pessoa (como ela pensa e como ela age) e copiá-la nesses comportamentos. Ninguém dispõe de tempo suficiente para aprender todas as lições somente com a própria experiência. O ideal é ter humildade de aprender também com a experiência alheia. Este é o verdadeiro caminho para a excelência.

Quanto àqueles que você constata como piores que você, em qualquer área de sua vida, use-os como exemplos que não deve seguir. Observe o padrão de pensamento deles, e procure ser o melhor que puder, sempre respeitando o direito dos outros de escolher seu próprio modo de viver.

Na vida empresarial, a mesma coisa: temos "Líderes" e "líderes", que, embora nos mesmos cargos e funções, atingem resultados completamente diferentes. Isso por causa do exemplo que são para seus colaboradores. Como pode um pequeno empresário cobrar de seus funcionários mais comprometimento, se ele mesmo só aparece em sua empresa de vez em quando ou por poucas horas? Este é um exemplo de absoluta falta de interesse... E são muitos os casos de pessoas que passam a imagem de honestidade e retidão aos seus funcionários, mas não agem assim na vida pessoal. Os exemplos falam e marcam muito mais que as palavras.

Um grande cuidado que você deve ter para continuar sendo um bom exemplo para os outros é não se deixar contaminar por padrões negativos de pensamento e por palavras pessimistas daqueles que o cercam. É muito comum ver pessoas em busca do sucesso e da prosperidade sendo sabotadas por seus próprios familiares ou amigos. Neste caso, seja surdo aos apelos negativos, com muita persistência, autoconfiança e a certeza de onde quer chegar.

E mais: cuide de sua transformação interior sem se preocupar em mudar os outros, porque ninguém muda ninguém. O máximo que você pode fazer é ser fonte de bons exemplos, que podem inspirar mudanças naqueles ao seu lado. Isso, sim, está em suas mãos!

PAUSA PARA REFLEXÃO

As pregações do profeta

Extraído da obra *Doses de Sincronicidade*, de Paulo Coelho

Um profeta chegou, certa vez, a uma cidade para converter seus habitantes. A princípio, as pessoas ficaram entusiasmadas com o que ouviam. Mas, pouco a pouco, a rotina da vida espiritual era tão difícil que homens e mulheres se afastaram, até que não ficou uma só alma para ouvi-lo.

Um viajante, ao ver o profeta pregando sozinho, perguntou: — Por que continuas exaltando as virtudes e condenando os vícios? Não vês que ninguém aqui te escuta?

— No começo, eu esperava transformar as pessoas. Se ainda hoje continuo pregando, é apenas para impedir que as pessoas me transformem.

É isso aí, amigo leitor...
Agora que você já pode dizer que se conhece melhor,
vamos ver o que deve fazer pela pessoa mais importante
de sua vida...
Quem será ela?

Parte II

Autoestima

Encontro marcado com você mesmo

Agora, uma nova etapa nesta viagem
fascinante pelo seu "eu"...
Você tem um encontro marcado com a pessoa mais
importante de sua vida — VOCÊ!
Chegou a hora de fazer as pazes consigo mesmo, com
seu espelho e com o mundo!

28

Você é Muito Importante

Quer você acredite ou não, a verdade é que você é importante! Você é único e especial, embora tente, muitas vezes, esconder seus talentos por medo das críticas. Daí a necessidade de que você desenvolva uma autoestima saudável — a chave para as realizações humanas.

Ao sentir apreço por si mesmo, você se comunica melhor, consegue sonhar e acreditar em seus planos, tem iniciativa, não se deixa abalar com a falta de gratidão dos outros e passa uma mensagem de autorrespeito por meio de seu olhar, postura, e tom de voz.

Ser reconhecido por seu valor é uma necessidade natural do ser humano, porém, o grande erro que você pode cometer é desejar reconhecimento dos outros — fonte de muitas decepções durante a vida.

Pare de esperar elogios de todo mundo e aprenda a se interiorizar mais. Olhe para dentro de si mesmo e descubra quão rico de talentos você é e quão longe você pode caminhar. A autovalorização é o segredo das pessoas bem-sucedidas! São aquelas que só pelo fato de estarem vivas e saudáveis, já se sentem entusiasmadas para fazer uma diferença positiva no mundo. E aproveitam cada dia como se fosse o mais precioso de sua vida.

Em minhas palestras, é comum me questionarem se autoestima elevada não seria egoísmo. Não e não! São caminhos diferentes: quem se sente a pessoa mais importante de sua própria vida é forte, alegre, bem-humorada, dona de uma luz que irradia e fortalece quem dela se aproxima; por outro lado, a pessoa egoísta é aquela que se acha a mais importante do mundo, e que se fortalece enfraquecendo os outros, buscando tudo para si em detrimento de todos.

Entenda que você precisa ser sua melhor e mais fiel companhia, afinal, as experiências de seu nascimento e morte, seus primeiros e últimos suspiros — eventos mais importantes de sua vida — foram e serão vivenciados por você mesmo, ninguém mais. Por isso sempre digo que você precisa estar em paz consigo, perdoando-se pelos deslizes do passado, amando-se e dando a si mesmo tudo o que desejaria oferecer à pessoa que mais ama.

Assim, o quanto antes, assuma sua importância nesta vida, tendo bastante cuidado para que o orgulho não lhe suba à cabeça. Como já refletimos anteriormente, o orgulhoso é aquele que se sente bem quando está perto de pessoas piores que ele, dos sofredores, numa forma de parecer melhor que os outros. Já a humildade faz com que você busque aprender com os melhores do que você e esteja sempre atento às críticas construtivas que o fazem evoluir em todos os campos.

E não confunda importância pessoal com importância de posição. Importância ou poder pessoal é ter carisma, brilho no olhar, sentimentos nobres que unem as pessoas — e qualquer um pode desenvolver este poder pessoal, desde o mais pobre até o mais rico, desde o mais ignorante até o mais sábio. Já o poder posicional, embora traga temporariamente uma impressão de importância, não é permanente, visto que está ligado à posição que a pessoa ocupa naquele momento. Desta forma, encontramos, todos os dias, muitos "poderosos" que, como pessoas, não apresentam relevância alguma, porque ainda não descobriram sua missão — um propósito para estarem vivos e atuantes, aqui e agora.

Portanto, levante-se já e tome posse de sua importância, distribuindo sua experiência, boa vontade e seus dons para o mundo e, então, você terá certeza de que é único e especial... Você é muito importante sim!!!

PAUSA PARA REFLEXÃO

Os três leões

Autor desconhecido

Numa determinada floresta havia três leões. Um dia, o macaco, representante eleito dos animais súditos, fez uma reunião com toda a bicharada da floresta e disse:

— Nós sabemos que o leão é o rei dos animais, mas há uma dúvida no ar: existem três leões fortes. Ora, a qual deles devemos prestar homenagem? Quem, dentre eles, deverá ser nosso rei?

Os três leões souberam da reunião e comentaram entre si:

— É verdade, a preocupação da bicharada faz sentido, uma floresta não pode ter três reis, precisamos saber qual de nós será o escolhido. Mas como descobrir?

Essa era a grande questão: lutar entre si eles não queriam, pois eram muito amigos. O impasse estava formado. De novo, todos os animais se reuniram para discutir uma solução para o caso. Depois de usarem técnicas de reuniões do tipo *brainstorming* etc., eles tiveram uma ideia excelente. O macaco se encontrou com os três felinos e contou o que eles decidiram:

— Bem, senhores leões, encontramos uma solução desafiadora para o problema. A solução está na Montanha Difícil.

— Montanha Difícil? Como assim?

— É simples — ponderou o macaco. — Decidimos que vocês três deverão escalar a Montanha Difícil. O que atingir o pico primeiro será consagrado o rei dos reis.

A Montanha Difícil era a mais alta entre todas naquela imensa floresta. O desafio foi aceito. No dia combinado, milhares de animais cercaram a montanha para assistir à grande escalada. O primeiro tentou. Não conseguiu. Foi derrotado. O segundo tentou. Não conseguiu. Foi derrotado. O terceiro tentou. Não conseguiu. Foi derrotado. Os animais ficaram curiosos e impacientes. Afinal, qual deles seria o rei, uma vez que os três haviam sido derrotados? Foi nesse momento que uma águia sábia, idosa na idade e grande em sabedoria, pediu a palavra:

— Eu sei quem deve ser o rei!!!

Todos os animais fizeram um silêncio de grande expectativa.

— A senhora sabe, mas como? — todos gritaram para a águia.

— É simples — confessou a sábia águia —, eu estava voando entre eles, bem de perto e, quando eles voltaram para o vale, eu escutei o que cada um deles disse para a montanha.

O primeiro leão disse:

— Montanha, você me venceu!

O segundo leão disse:

— Montanha, você me venceu!

O terceiro leão disse:

— Montanha, você me venceu, por enquanto! Mas você, montanha, já atingiu seu tamanho final, e eu ainda estou crescendo.

— A diferença — completou a águia — é que o terceiro leão teve uma atitude de vencedor diante da derrota, e quem pensa assim é maior que seu problema: é rei de si mesmo e está preparado para ser rei dos outros.

Os animais da floresta aplaudiram entusiasticamente o terceiro leão, que foi coroado rei entre os reis.

Pois é... O segredo da vitória é a certeza de seu valor. Então, vamos prosseguir e descobrir este incalculável valor que você tem...

29

Descubra seu Potencial

Quantas vezes você reclamou que ninguém enxerga seu valor, suas qualidades, nem reconhece seus esforços? Isso é muito comum, tanto na vida a dois, familiar ou profissional. Você trabalha pesado, faz tudo para agradar a todos, ser a perfeição em pessoa, mas ninguém percebe nada. É incrível, mas quem está à sua volta parece que só observa o que você deixou de fazer ou os seus erros...

É assim com você? Pois, então, pare de buscar aprovação do mundo externo e comece a olhar mais para você mesmo, para a pessoa mais importante de sua vida — VOCÊ — e aprenda a colocar-se em primeiro lugar. Não adianta buscar por aí o par ideal, se até hoje você não se sente bem em sua própria companhia... Só com uma autoimagem de valor você conseguirá despertar nos outros interesse por você e elogios que você já nem esperava mais receber.

Entende o que estou dizendo? A mudança tem de vir de você, da sua postura mental e da forma como você se coloca na vida. Será que dá para contabilizar o tempo que você perdeu tentando chamar a atenção das pessoas para seu valor, para suas habilidades ou sua bondade, muitas vezes nada espontânea? Adiantou anular-se pelos outros?

Pois, então, acorde para a vida, que ainda é tempo de ser você mesmo, falar o que tem de ser dito, fazer o que tem de ser feito, mas sempre colocando em prática a milenar "regra de ouro" da felicidade e do sucesso: *"Fazer aos outros aquilo que você gostaria que fosse feito a você!"*.

O fundamental é ser sincero e generoso consigo mesmo e com os outros. Com essa mudança, rapidamente você vai começar a perceber quanta gente bem-intencionada e bem resolvida está ao seu lado, valorizando quem se valoriza primeiro! Guarde bem: semelhantes se atraem!!!

Potencial humano escondido

Autor desconhecido

Os deuses da Grécia Antiga, temerosos de que os homens descobrissem seu próprio potencial, e ciumentos de que assim pudessem chegar ao nível deles (deuses), realizaram uma longa reunião para decidir a maneira mais concreta de ocultar aos homens esse potencial.

Várias foram as propostas. Houve quem pensou em esconder o potencial humano nos abismos mais profundos dos oceanos, mas foi lembrado que, no futuro, o homem penetraria o fundo dos mares. Apresentou-se, também, quem propôs ocultar este potencial nas montanhas mais altas da Terra, mas tal proposta não foi aceita, porque o homem, em um dia não muito distante, as escalaria. Outro sugeriu esconder tal riqueza humana na Lua, mas salientou-se que o homem, no futuro, iria habitá-la.

Por fim, todos aceitaram uma estranha proposta: todo aquele poder incomensurável — o potencial humano — deveria ser escondido... dentro do próprio homem.

Como justificativa para tal resolução, os deuses disseram: — O homem é tão distraído e voltado para fora de si que nunca pensará em encontrar seu potencial máximo dentro do seu próprio ser.

E então?
Entendeu a sua importância no mundo?
Você é importante e precisa, o quanto antes, se apoderar de sua excelência...

30

Busque sua Excelência

Embora a imperfeição ainda faça parte da natureza humana, a busca pela perfeição, pelo acerto, pelo bem-feito ou, melhor ainda, pela excelência, deve ser uma constante em sua vida. Jamais se acomode com seus defeitos ou dificuldades, porque você está neste mundo para se desenvolver em todos os campos de seu viver. Quando digo isso, não quero incitá-lo à mania de perfeição ou à eterna insatisfação! Não é isso! Quero chamá-lo à realidade, para que reaja diante de seus problemas.

Cada dificuldade que surge em sua vida é um novo desafio a lhe chamar para a ação, para sair de sua "zona de conforto" e decidir mudar. Muita gente usa o pretexto da conformação diante do sofrimento, alegando que isso é destino, é carma. Pois eu lhe recomendo, nessas horas, sabendo que nada nos acontece por acaso, resignação sim, mas que seja dinâmica, ou seja, você entende e aceita a dor, mas procura, por todos os meios, libertar-se dela, ser e fazer os outros felizes.

Uma das maiores virtudes do ser humano, a meu ver, é a gratidão. É a pessoa saber contar as bênçãos que a vida lhe oferece, em vez de viver se lamentando pelo que lhe falta. E uma das características que mais observo nas criaturas gratas é que elas, mesmo muito satisfeitas com o que já têm, sempre buscam por mais... Mais amigos, mais sucesso, mais alegria de viver, porque sabem que merecem compartilhar da abundância do Universo.

Por outro lado, vejo pessoas se queixando de tudo, envolvidas nas pesadas nuvens das lamentações. O que elas não percebem é que seu negativismo rejeita a prosperidade e, neste turbilhão de queixas, acomodam-se em levar uma vida mediana, em serem como os outros e se deixarem levar pela opinião alheia. O triste é que "mediano" é sinônimo de "medíocre" e, assim, o mundo, infelizmente, está cheio de pessoas medíocres, que nem percebem o quanto o são. Acham-se populares, modernas e não percebem que são apenas influenciáveis, a quem falta o desenvolvimento de uma personalidade forte e segura. Falta-lhes, também, autoestima e autoconfiança, porque acreditam que para serem aceitas precisam ser como os outros, e é justamente por aí que elas enveredam pelo campo da mediocridade.

Na vida profissional e estudantil isso é típico. A maioria fica feliz se consegue fazer um bom trabalho, quando, na verdade, o "bom" é pouco para se vencer na vida. O competitivo mercado global não se interessa mais por profissionais bons, mas sim pelos que buscam excelência em suas decisões e atitudes.

Portanto, reflita bem sobre sua vida — pessoal e profissional — e pare de se contentar com o "mais ou menos" ou aceitar tudo o que ouve como verdade, sem questionar.

Acredite em seu potencial e que, dentro da natural imperfeição humana, é dever de cada um fazer o melhor do melhor, para que este mundo possa realmente evoluir de forma mais rápida, saudável e segura.

Pausa para reflexão

É importante questionar

Autor desconhecido

Um jovem casal recebe a visita da sogra, e a nora prepara peixes para o jantar, tal qual sua mãe servia em ocasiões especiais.

No fim do jantar, a sogra faz, então, uma pergunta: — Qual o motivo de ter sido servido somente a parte central dos peixes?

Eram dois bonitos pintados, mas a nora somente aproveitara o terço central de ambos.

A nora explicou que esta era a melhor forma de preparo, resposta que não convenceu nem a sogra, nem seu jovem marido.

Intrigado, em outra ocasião, o marido perguntou à mãe de sua esposa a razão de somente aproveitar a parte central dos peixes, e a resposta foi a mesma: que esta era a melhor forma de preparo, pois sua mãe sempre fizera daquela maneira. Mas a resposta também não o satisfez.

Um mês depois, o jovem casal fez uma visita aos avós da esposa, e o marido, então, fez a mesma pergunta à avó de sua mulher.

E a resposta da avó foi simples e surpreendente: — Éramos pobres e morávamos no sítio. Os peixes eram pescados em um rio que cortava nossa propriedade. Tínhamos somente uma velha assadeira pequena onde não cabia um peixe inteiro, por isso aproveitávamos somente a parte que tinha mais carne e que coubesse na assadeira.

Como bem disse John Kennedy: *"o conformismo é carcereiro da liberdade e inimigo do crescimento".*

E atenção: ao se conformar com tudo "mais ou menos" em sua vida, tome cuidado para não se tornar uma pessoa "mais ou menos"!
Então, vamos lá: assuma logo sua importância e seu poder de mudar para melhor e ser um benéfico exemplo para a transformação daqueles que o cercam...

31

Você é Dono de uma Riqueza Infinita

Se você é alguém que se interessa pelo tema "riqueza", vou lhe contar um segredo: você já é rico — ou milionário, se preferir —, porque a verdadeira e infinita riqueza não é somente a materializada em forma de bens e dinheiro, mas, sobretudo, aquela que você carrega dentro de si, em um baú de tesouros internos, que são seus talentos, suas habilidades ou dons que você ainda desconhece. Permita-se abrir este baú com a chave do conhecimento e da sabedoria que você já possui, porque a fechadura dele só funciona de dentro para fora.

Sua maior riqueza, aquela que o levará à riqueza material, está aí, cheia de brilho, dentro de seu ser, pedindo para ser liberta e reconhecida, pronta para oferecer benefícios não só a você, mas também a tantos que precisam de seu apoio.

Vejo tantos indivíduos com o coração fechado para si mesmos e para o mundo e fico triste quando os percebo tentando "terceirizar" sua felicidade. Não a reconhecem dentro de si mesmos e, com isso, colocam suas expectativas no mundo externo, nos governos, na economia ou no amor e reconhecimento que nunca vêm.

É hora de despertar para seu potencial, seus sonhos e para sua extraordinária força de fazer realizar cada um de seus objetivos.

Se você quer prosperar, saiba que a verdadeira prosperidade envolve três fatores de extrema importância e que se completam — dinheiro, sim, mas também saúde e relacionamentos felizes. Se estiver faltando um destes elementos em seu viver, então é ali que você deve investir sua energia, porque ter dinheiro é muito bom, tranquilizador para noites bem-dormidas, mas saúde e bons relacionamentos são fundamentais para que o dinheiro se instale e permaneça em sua vida.

Eu acredito que o dinheiro é uma consequência natural para as pessoas que, sem descuidarem de sua saúde — física, emocional, mental e espiritual —, dedicam-se a trabalhar no bem, valorizando e construindo sólidos relacionamentos em todas as oportunidades que aparecem.

Riqueza infinita é como a riqueza da natureza: abundante, inesgotável e divina. E para que você seja um rico feliz e sem culpas, paute sua vida na completa honestidade e na sincera intenção de fazer a diferença na vida das pessoas que você pode beneficiar. Antes de querer TER — dinheiro, amor, saúde, felicidade —, é preciso SER — uma pessoa melhor, amorosa, generosa, do bem!

Lembre-se: se você souber usar sua riqueza infinita com equilíbrio e sabedoria, liberando, assim, o fluxo da abundância e da prosperidade em sua vida, o dinheiro virá para você como uma bem merecida recompensa.

Pausa para reflexão

O tesouro de Bresa

Autor desconhecido

Houve, outrora, na Babilônia, um pobre e modesto alfaiate chamado Enedim, homem inteligente e trabalhador, que não perdia a esperança de vir a ser riquíssimo. Como e onde, no entanto, encontrar um tesouro fabuloso e tornar-se, assim, rico e poderoso?

Um dia, parou na porta de sua humilde casa um velho mercador da Fenícia, que vendia uma infinidade de objetos extravagantes. Por curiosidade, Enedim começou a examinar as bugigangas oferecidas, quando descobriu, entre elas, uma espécie de livro de muitas folhas, onde se viam caracteres estranhos e desconhecidos. Era uma preciosidade aquele livro, afirmava o mercador, e custava apenas três dinares.

Era muito dinheiro para o pobre alfaiate, razão pela qual o mercador concordou em vender-lhe o livro por apenas dois dinares.

Logo que ficou sozinho, Enedim tratou de examinar, sem demora, o bem que havia adquirido. E qual não foi sua surpresa quando conseguiu decifrar, na primeira página, a seguinte legenda: "O segredo do tesouro de Bresa". Que tesouro seria esse? Enedim recordava vagamente de já ter ouvido alguma referência a ele, mas não se lembrava onde, nem quando.

Mais adiante, decifrou: "O tesouro de Bresa, enterrado pelo gênio do mesmo nome entre as montanhas do Harbatol, foi ali esquecido, e ali se acha ainda, até que algum homem esforçado venha a encontrá-lo".

Muito interessado, o esforçado tecelão dispôs-se a decifrar todas as páginas daquele livro, para apoderar-se de tão fabuloso tesouro. Mas as primeiras páginas eram escritas em caracteres de vários povos, o que fez com que Enedim estudasse os hieróglifos egípcios, a língua dos gregos, os dialetos persas e o idioma dos judeus.

Em razão disso, no fim de três anos, Enedim deixava a profissão de alfaiate e passava a ser o intérprete do rei, pois não havia na região ninguém que soubesse tantos idiomas estrangeiros. Passou a ganhar muito mais e a viver em uma confortável casa.

Continuando a ler o livro, encontrou várias páginas cheias de cálculos, números e figuras. Para entender o que lia, estudou matemática com os calculistas da cidade e, em pouco tempo, tornou-se grande conhecedor das transformações aritméticas. Graças aos novos conhecimentos, calculou, desenhou e construiu uma grande ponte sobre o rio Eufrates, o que fez com que o rei o nomeasse prefeito.

Ainda por força da leitura do livro, Enedim estudou profundamente as leis e os princípios religiosos de seu país, sendo nomeado primeiro-ministro daquele reino, em decorrência de seu vasto conhecimento. Passou a viver em suntuoso palácio e recebia visitas dos príncipes mais ricos e poderosos do mundo. Graças ao seu trabalho e ao seu conhecimento, o reino progrediu rapidamente, trazendo riquezas e alegria para todo seu povo.

No entanto, ainda não conhecia o segredo de Bresa, apesar de ter lido e relido todas as páginas do livro.

Certa vez, então, teve a oportunidade de questionar um venerando sacerdote a respeito daquele mistério, que, sorrindo, esclareceu: — O tesouro de Bresa já está em seu poder, pois, graças ao livro, você adquiriu grande saber, que lhe proporcionou os invejáveis bens que possui. Afinal, Bresa significa «saber».

Você viu, querido leitor?

Por isso os complexos, a insegurança e a inveja não têm justificativas, porque você tem um tesouro oculto dentro de si. Mas, sem se conhecer melhor e sem buscar conhecimentos, você não conseguirá deixar vir à tona todas as suas capacidades.

Então prossiga em seu aprendizado...

32

Seja Você Mesmo

Sei que são muitas as situações difíceis pelas quais você já passou nesta vida — dores físicas ou morais, traumas, decepções, ressentimentos, culpas, medos... —, mas para que você supere tais dificuldades, o princípio básico é que você nunca vire as costas para si mesmo, para seu "eu", para suas vontades e escolhas individuais. Ou seja, é preciso ser você mesmo, verdadeiro, responsável por seus pensamentos e atos, e não um "robô" ou boneco nas mãos de criaturas manipuladoras que ditem suas atitudes.

Você entende o que estou falando? Pessoas que passaram uma infância reprimida ou cresceram ouvindo críticas venenosas e comparações, geralmente, não conseguem expressar seus mais profundos sentimentos. Fazem e demonstram aquilo que sabem que pode agradar aos outros e se esquecem de si mesmas, mascarando suas reais emoções. E o pior é que vivem angustiadas, sem brilho interior, receosas de um dia terem de encarar sua própria verdade. Sua maior dor é a incapacidade que elas têm em dizer "não" para os outros — *"não quero", "não posso", "não sei", "não vou fazer"*.

Se você está sofrendo hoje porque não consegue ser você mesmo, dono de sua vida, de seus pensamentos e escolhas, é hora de dar um basta nesta situação!

Comece uma viagem pelo seu interior para descobrir quais são os medos que o levam a agir assim. Você sabia que há pessoas que não se permitem crescer — no campo material, moral, espiritual, físico ou profissional — porque têm medo de ser melhores do que seus pais? O que é uma grande tolice, porque, sendo a evolução a tendência natural do mundo, é claro que os filhos podem e devem superar seus pais. Mas para quem teve uma educação repressiva, isso parece inconcebível e constrangedor.

Outro caminho importante para preservar sua autenticidade é não valorizar demais as expectativas dos outros em relação a você, porque somente você tem o direito de criar suas próprias expectativas. Atenção: nunca prometa o que você não sabe se vai conseguir cumprir, não tente parecer quem você não é, porque sempre chega o dia em que as "máscaras" caem e você terá de assumir suas verdades, fraquezas e fracassos, rancores, culpas e medos.

Então, antes que sofra mais, apaixone-se por si mesmo e mostre ao mundo a pessoa especial que é você! Sim, você mesmo!!!

Pausa para reflexão

Um conto surpreendente

Gibran Khalil Gibran (1883 – 1931)

Eu estava andando nos jardins de um asilo de loucos quando encontrei um jovem rapaz lendo um livro de filosofia. Pelo seu jeito, e pela saúde que mostrava, não combinava muito com os outros internos.

Sentei-me ao seu lado e perguntei: – O que você está fazendo aqui?

O rapaz olhou surpreso. Mas, vendo que eu não era um dos médicos, respondeu: – É muito simples. Meu pai, um brilhante advogado, queria que eu fosse como ele. Meu tio, que tinha um grande entreposto comercial, gostaria que eu seguisse seu exemplo. Minha mãe desejava que eu fosse a imagem do seu adorado pai. Minha irmã sempre me citava seu marido como exemplo de um homem bem-sucedido. Meu irmão procurava treinar-me para ser um excelente atleta como ele.

Parou um instante e continuou: – E o mesmo acontecia com meus professores na escola, o mestre de piano, o tutor de inglês. Todos estavam determinados em suas ações e convencidos de que eram o melhor exemplo a seguir. Ninguém me olhava como se deve olhar um homem, mas como se olha no espelho. Dessa maneira, resolvi me internar neste asilo. Pelo menos aqui eu posso ser eu mesmo.

Ter coragem de se assumir e, mais ainda, de se amar cada vez mais, é primordial para sua alegria de viver. De que adianta procurar a felicidade nos outros, se sua felicidade interior ainda não foi descoberta? Então, veja como encontrar consigo mesmo e redescobrir a felicidade de ser quem você é...

33

O Primeiro Namoro

Se estamos refletindo sobre o poder da autoestima para suas realizações pessoais e profissionais, então temos de falar sobre seu primeiro namoro. Não confunda com o primeiro namorado, não! Estou falando do seu relacionamento de amor com você mesmo, com esta pessoa mais importante de sua vida, que é você!

Vejo tanta gente ansiosa, não só os jovens, mas também adultos solitários, em busca de um grande amor, mas que se esquecem de que um amor que valha a pena só chega quando as pessoas estão preparadas para recebê-lo. E o grande engano que percebo é nesse preparo para o amor: as pessoas vão a todas as festas, marcam presença, ansiosas, em todos os eventos, olhares inquietos de um lado para o outro... Isso acontece com você também? A questão é que atitudes assim não vão atrair para você um relacionamento que o satisfaça, sabe por quê? Porque você precisa se satisfazer primeiro, ser feliz e se realizar primeiro, e não buscar no outro sua felicidade ou realização.

Ninguém gosta de ser tratado como remédio para a solidão ou muletas para as dificuldades do outro na caminhada da vida. E se você não se namora primeiro, não se aprecia, não se valoriza, inconscientemente está passando uma mensagem para os outros de desinteresse por si mesmo. Enquanto você colocar outras pessoas em primeiro lugar em sua vida, você estará afastando de si mesmo a oportunidade de ser feliz no amor.

O maior inimigo dos relacionamentos amorosos é criar expectativas em relação ao parceiro ou parceira, porque ninguém é perfeito, e quem se apega às idealizações está mais suscetível às decepções, às mágoas e às culpas. Procure ser realista em relação à pessoa que você ama e seja fiel aos seus próprios princípios e valores, porque, se o outro partir, quem sempre vai ficar com você é você mesmo! Por isso o amor-próprio é tão importante!

O segredo para um relacionamento amoroso feliz é o fortalecimento da autoestima de cada parceiro. A energia de uma boa autoestima é poderosíssima — ilumina o olhar, encanta o andar e o falar, e a pessoa torna-se extremamente atraente, amável e cativante. E quem não gosta de estar ao lado de alguém assim?

Então comece a mudar preenchendo-se de amor-próprio e, repleto de energias amorosas para com o mundo, um grande amor encontrará você. É tudo muito mágico... Você não precisa correr atrás de um amor, porque, se estiver preparado, ele virá ao seu encontro!

Guarde bem este caminho: primeiro apaixone-se por si mesmo e por seus ideais e, nesse processo, sem esforço algum, você atrairá para perto de si uma pessoa interessante e realizada. Juntos, vocês formarão um casal que cultiva o amor adulto, maduro e durável, porque se baseia na verdadeira independência emocional de cada parceiro, com suas individualidades respeitadas e preservadas.

PAUSA PARA REFLEXÃO

Um grande homem ou uma grande mulher?

Extraído do livro *Histórias para Aquecer o Coração das Mulheres*,
de Jack Canfield & Mark V. Hansen &
Jennifer R. Hawthorne & Marci Shimoff

Thomas Wheeler, alto executivo de uma multinacional, viajava com sua mulher por uma estrada interestadual quando notou que o carro estava com pouca gasolina.

Ele parou num posto muito simples, com apenas uma bomba de combustível. Pediu ao único atendente que enchesse o tanque e verificasse o óleo, enquanto ele dava uma volta para esticar as pernas. Ao retornar para o carro, percebeu que o frentista e sua mulher estavam num papo animado. Mas, quando voltava para o carro, ouviu o rapaz acenar e dizer: — Foi ótimo falar com você.

Ao sair do posto, o marido perguntou à mulher se ela conhecia o atendente. Ela, imediatamente, admitiu que sim. Tinham frequentado a mesma escola e ela o namorara por cerca de um ano.

— Puxa, você teve sorte de eu ter aparecido — Wheeler se vangloriou.

— Se tivesse casado com ele, seria agora a esposa de um frentista de posto de gasolina, em vez de ser esposa de um alto executivo.

— Meu querido — respondeu a mulher —, se eu tivesse me casado com ele, ele seria o alto executivo e você o frentista do posto de gasolina.

Não há nada que bloqueie tanto o crescimento pessoal e profissional quanto a baixa autoestima — o sistema imunológico enfraquece, a alma se sente em perturbação e as emoções em desequilíbrio. Veja, então, as causas e consequências de uma pobre autoestima...

34

Causas e Consequências da Baixa Autoestima

Saber da influência que a autoestima exerce em seu desempenho pessoal e profissional e tomar consciência de como está seu apreço por si mesmo são os primeiros passos de um percurso rumo às mudanças positivas e ao crescimento interior.

Muitas são as causas para a baixa autoestima, dentre elas as que se relacionam aos sentimentos de menor valia e insegurança que você pode ter incorporado durante sua existência, principalmente na infância, quando sua mente, tal qual uma esponja, absorveu, com total sofreguidão, as críticas e reprovações recebidas.

As consequências da autoestima fragilizada se manifestam em todos os aspectos de sua vida: no **físico** (falta de brilho no olhar, defesas do organismo enfraquecidas, complexos com o corpo...), no **emocional** (desequilíbrios, insegurança, medos, complexo de inferioridade...), no **afetivo** (ciúmes, inveja, comparações, complexo de abandono...), no **espiritual** (falta de fé, pessimismo e energias negativas...) e no **profissional** (autoimagem abalada, falta de concentração, desmotivação, complexo de perseguição...).

Dentre tantas consequências funestas da baixa autoestima, vou me ater, aqui, de novo, aos complexos, que tantos prejuízos causam às pessoas.

Quem não aprendeu a se amar suficientemente, que ainda não desenvolveu sentimentos e pensamentos positivos sobre si mesmo, em geral apresenta certo "complexo de inferioridade", quer seja por sua aparência física, condição social ou capacidade intelectual. Não sabe valorizar o que tem de melhor e se frustra por não ser igual aos outros, seu objeto de comparação.

As pessoas que estão acima ou abaixo do peso corporal que julgam aceitável para si mesmas têm grande bloqueio diante do espelho, que passa a ser seu maior inimigo, evitado sempre que possível. Se este é seu caso, saiba que, para mudar o que você não aprova em si mesmo, deve primeiro exercitar o autoconhecimento e a autoaceitação. E, mais ainda, é preciso que valorize a pessoa que mora dentro daquela imagem refletida no espelho. Dessa forma, começa o processo de mudança, que só é definitiva quando acontece de dentro para fora.

Se ainda não é confortável para você se olhar de corpo inteiro em um espelho, um dos caminhos para a reconciliação com sua autoimagem é usar um espelhinho de bolso e, várias vezes ao dia, olhar para si mesmo, no fundo de seus olhos, sorrir e fazer declarações positivas e amorosas: *"Eu sou muito especial!", "Eu me amo e aprecio meu jeito de ser!", "Eu sou atraente, jovial e carismático!", "Todos os dias, sob todos os aspectos, estou melhor e melhor!"*. Não se preocupe se ainda não são verdades absolutas. São autossugestões construtivas impregnando sua mente e despertando emoções otimistas, capazes de transformar seu corpo.

Cuidado: a imaginação é muito mais poderosa que a vontade, porque nosso cérebro processa por imagens, e tudo o que você, sistematicamente, imagina pode criar como realidade. Por exemplo: se você diz que quer emagrecer, mas imagina as dificuldades que vai enfrentar — ficar sem comer pizza, não tomar sorvetes, fazer exercícios físicos... —, você não vai emagrecer, porque a imaginação é mais forte que a vontade. Então, o segredo é querer emagrecer e usar a imaginação no sentido de visualizar os benefícios de seu emagrecimento, vendo em sua mente seu novo visual, sentindo a alegria de volta, ouvindo elogios das pessoas etc. Aí, sim, com a imaginação positiva, carregada de emoção, fica viável a realização de seu desejo.

Outra dica para você melhorar sua autoimagem, fazendo as pazes com o espelho é: todas as vezes que você passar perto de um espelho, pare em frente, dê um sincero e largo sorriso para você mesmo, abrace-se afetuosamente e faça um elogio para aquela pessoa que é a mais importante da sua vida — VOCÊ! Os resultados são rápidos e fabulosos: aumento da autoconfiança, do bom humor e do entusiasmo pelas mudanças necessárias.

E mais: ao se olhar no espelho, com todo o carinho que puder, procure quem você é, e não como você está. Entenda que você não é gordo ou magro, você está gordo ou magro, e isso faz uma grande diferença em seus resultados.

Com todos esses exercícios de transformação em mãos, conscientize-se já de seu real valor diante da vida e resgate, de uma vez por todas, sua autoestima — sentimento valioso que vai conduzi-lo à felicidade e à realização de suas mais sonhadas metas!

Reconciliando-se com o espelho

Dedico esta reflexão a todas as pessoas que vivem a angústia do excesso de peso

Em sua essência, você é MAGRO! No entanto, hoje você está gordo.
SER é definitivo! Estar é passageiro.
Se você está gordo, mas É MAGRO, é hora de fazer mudanças.
Para sua harmonia interior, SER e ESTAR devem caminhar juntos.
Esvazie-se, então, das emoções negativas... Livre-se das mágoas...
Veja-se como realmente É: VOCÊ É MAGRO!
Esvazie-se do medo de SER FELIZ... Do medo de SER BRILHANTE...
Esvazie-se do medo de SER ATRAENTE!
Veja-se como realmente É: VOCÊ É MAGRO!
E se você É MAGRO em sua essência,
Sabe que também pode SER MAGRO em sua imagem e aparência.
O vazio que fica sem o excesso de peso está sendo preenchido por emoções maravilhosas... Incomparáveis...
E daqui para frente, você vai escutar sua voz interior falar bem alto:
"Chega de esconder-me debaixo da gordura! Eu existo! Eu tenho muito valor!
Eu mereço o melhor! Eu SOU valente! Eu SOU luz!
Agora, finalmente e para sempre, eu SOU e ESTOU MAGRO!
EU SOU E ESTOU LEVE, DE CORPO E ALMA!"

O grande vencedor da vida é aquele que tem consciência de seu valor e, assim, luta, com todas as forças, contra o medo e a insegurança.
E que luta!

35

O Peso da Insegurança

Neste mundo competitivo em que vivemos, um dos maiores problemas pessoais e profissionais é a insegurança — um sentimento que nasce em nossos primeiros anos e pode ir se intensificando no decorrer do tempo, até se transformar em grandes medos ou fobias.

Insegurança é uma incerteza cruel em relação ao futuro e um medo feroz de fracassar e de ser, com isso, alvo de críticas. Indivíduos que tiveram uma infância sem direito de expressão, recalcados e censurados em suas opiniões, geralmente se apresentam, hoje, inseguros e ansiosos diante da vida.

No entanto, nada pode ser feito em relação ao passado, que não existe mais, e nem em relação ao futuro, que ainda não chegou! Não é porque seu passado não foi bom que você tem de viver o hoje e o amanhã cheio de culpas ou mágoas, preso às lembranças negativas. Você não pode apagar o passado de sua história, mas pode deixá-lo no lugar que lhe é devido — no passado — e reescrever, hoje, uma nova história! Você só vai amadurecer e superar seus medos quando se tornar o "senhor de seu destino", revelando ao mundo as habilidades e dons que carrega dentro de si.

Eis, aqui, as principais características da personalidade de uma pessoa que venceu a insegurança e se tornou autoconfiante: assertividade (saber dizer "sim", quando quiser dizer "sim", e "não", quando for necessário, sem culpas), a busca de autenticidade (ser ela mesma, sem prender-se à opinião dos outros) e a forma otimista e entusiasmada de viver.

Por isso, digo e repito: O primeiro passo para você desenvolver sua autoconfiança é o autoconhecimento, porque quando entra em contato com sua essência, um mundo novo se descortina para você, cheio de sonhos, esperança e fé na conquista de suas metas.

Nós somos leões

Autor desconhecido

Conta-nos uma história antiga que uma leoa, enquanto saltava de uma colina para outra, deu à luz a um filhote no meio do salto. O filhote caiu no meio de um rebanho de ovelhas. As ovelhas alimentaram o filhote sem saber que ele era um leão. E o filhote nunca percebeu que era um leão, pois à sua volta todos eram ovelhas. Ele pensava que era uma ovelha.

As ovelhas são os animais mais medrosos que existem. Nunca andam sozinhas. Estão sempre em grupos, precisando umas das outras. Elas têm medo de ficar sozinhas. É perigoso estar só...

E este pobre leão não tinha nenhuma ideia de como se parecia. Ele cresceu, mas as ovelhas estavam acostumadas com ele. Elas o tinham criado desde a infância. Ele era considerado uma ovelha muito estranha, mas era uma ovelha, acostumado a comer grama. Um leão de verdade jamais comeria grama. E ele nunca havia rugido como um leão, porque, afinal, ele nem sabia que era leão. Ele era medroso como as ovelhas, andava no meio do rebanho para se sentir mais seguro e tinha medo dos animais selvagens.

Um dia, um velho leão viu esta cena. Ele não podia acreditar... Ele nunca tinha visto um leão e ovelhas misturados. As ovelhas andavam com o leão sem nenhum medo e o leão tinha medo de ficar só.

O velho leão resolveu, então, seguir o grupo e, com esforço, agarrou o jovem e o arrastou para um lago próximo. O jovem leão, morrendo de medo, chorava como uma ovelha.

Mas, no lago, um milagre aconteceu: o jovem leão pôde ver sua imagem refletida na água e percebeu, neste momento, que era um leão também. E houve uma súbita transformação, porque a ovelha não era uma realidade, e sim uma falsa ideia implantada pela sociedade em que o leão fora criado. Era apenas uma máscara, mas não era sua face original. E, pela primeira vez, ele deu um rugido.

Isso é o que acontece com todos nós. Nós somos leões, nós nascemos leões, mas fomos educados como ovelhas. Só nós podemos nos conscientizar de que não somos ovelhas e, então, decidir dar um rugido e assumir nossa condição de leão. Esta é a única chance de resgatar a nossa face original de leão.

Que lástima! Quantas programações negativas você tem carregado no decorrer da vida e como elas atrasam sua evolução! É... Mas nunca é tarde para acordar para a vida e entender que o poder de transformação está em suas mãos... Como acessar este poder? Veja só...

36

Você vai Conseguir

Um dos maiores entraves ao nosso sucesso é tão sutil que, muitas vezes, nem percebemos. São nossos pensamentos negativos, carregados de energia pessimista, expressos em palavras que nos intoxicam e paralisam. Quer ver? *"Eu não consigo..."*, *"Eu não posso..."*, *"Eu queria..."*, *"Eu gostaria..."*, *"Isso é impossível para mim..."* e outras mais.

Quantas vezes você já ouviu a expressão: *"Você não vai conseguir..."*? Provavelmente, muitas... Vinda de pessoas importantes para você e, mais tarde, de seus próprios pensamentos. Isso é lamentável, mas é real. Além do mais, ainda encontramos crianças, jovens e adultos que preferem dizer *"Eu não consigo"* a praticar a persistência.

Tenha cuidado com essas expressões perniciosas, porque suas palavras são constituídas de uma energia capaz de tornar realidade o que você pronuncia, principalmente, quando repetidas sistematicamente. Então, ficar dizendo *"Eu não consigo ser feliz..."*, *"Eu não consigo encontrar um companheiro ideal..."*, *"Eu não consigo um emprego para mim..."* é como se programar para o fracasso.

Dizer *"eu não posso"* ou *"não consigo"* é tirar de si mesmo sua verdadeira responsabilidade — a de comandar sua vida. Talvez você não possa agora, mas se acreditar em sua capacidade de se transformar para melhor, seu poder pessoal vai aumentar e, com ele, suas realizações vão se multiplicar. Você pode tudo, se estiver de acordo com o grande preceito milenar — *"Fazer aos outros aquilo que você gostaria que fosse feito a você"*!

Quanto ao "impossível", só existe até que alguém tente fazer e prove que é possível. Portanto, elimine, de uma vez por todas, essa palavra de seu vocabulário, porque ela restringe muito suas chances de vencer.

E, quando quiser alguma coisa, jamais diga *"Eu queria..."* ou *"Eu gostaria..."*. Se você queria alguma coisa, então é porque não quer mais. Diga sempre *"Eu quero"*, porque a força do querer consiste em viver e expressar bem o tempo presente, construindo, assim, um futuro promissor. Certo dia, em um curso de atendimento e vendas que eu ministrava, um participante me perguntou como solicitar algo sem ser arrogante. Sabe como? Dizendo: *"Por gentileza, eu quero (falar com fulano, marcar um horário com você etc.)"*. Isso demonstra autoconfiança e assertividade aliadas à boa educação!

Quando você se perceber pensando ou falando com pessimismo, repetindo velhos ditados negativos de sua infância, utilize o bom senso e renove seu padrão de pensamentos.

Lembre-se: todas as doenças e misérias, antes de se estabelecerem em nossa vida, um dia passaram por nossos pensamentos. Portanto, vigie-se mais, muito mais!

Pausa para reflexão

O segredo da vitória

Autor desconhecido

Era uma vez uma corrida de sapinhos. Eles tinham de subir uma grande torre e, atrás, havia uma multidão que vibrava com eles. Começou a competição.

A multidão dizia: — Não vão conseguir, não vão conseguir! É muito difícil!

Os sapinhos iam desistindo, um a um, menos um deles, que continuava subindo. E a multidão gritava ainda mais: — Vocês não vão conseguir, vocês não vão conseguir! É muito difícil para vocês...

E mais sapinhos desistindo, menos um, bem determinado, que subia tranquilo, sem esforço, olhando para a multidão que gritava lá embaixo.

No fim da competição, todos os sapinhos desistiram, menos aquele. Todos queriam saber o que havia acontecido, e, quando foram perguntar ao sapinho como ele conseguiu chegar até o fim, descobriram que ele era... surdo!

Eis, portanto, o grande segredo do sucesso: se você precisa de coragem para vencer, seja surdo aos apelos negativos.

E agora, ciente de sua importância neste mundo, aproveite a nova fase desta viagem que, pouco a pouco, está lhe revelando os segredos do bem-viver.
É hora de refletir sobre sua transformação interior.
Prossigamos então...

Parte III

Mudanças

Um mundo novo à sua espera

Com maior conhecimento de si mesmo e a autoestima
se fortalecendo, chegou a hora de sua
transformação para muito melhor:
Melhor pessoa e melhor profissional,
em uma vida melhor!

37

Mudar para Sobreviver

Como sobreviver neste mundo dinâmico, em que o fluxo de informações e acontecimentos é tão veloz? A meu ver, a única saída é desenvolver uma flexibilidade mental e emocional, considerando a necessidade de mudar, onde for preciso.

A receita para uma vida melhor, com menos estresse e mais paz e prosperidade, é aceitar a importância de mudar conceitos, crenças e histórias que não funcionam mais, e atitudes que, embora vencedoras em outros tempos, hoje não surtem os resultados esperados.

Há pessoas que assumem a postura de cultivar o passado — vivendo de saudades do que deu certo —, "enlatadas" e estagnadas, e se recusam a enxergar os novos tempos, espalhando mau humor e lamentações por onde passam. Se você pertence a esse grupo, cuidado! Este é um comportamento que leva os indivíduos ao fundo do poço, porque eles não percebem que estão sendo ultrapassados por pessoas arrojadas, que não temem o desconhecido. Hoje, mais do que em qualquer tempo, quem prefere ficar em sua "zona de conforto" está vendo o tempo passar e sua vida — pessoal, profissional e financeira — desmoronar.

Muitos são os motivos que podem estar causando em você resistência às mudanças, mas os mais comuns são as inseguranças e os medos que você aprendeu e vivenciou em sua infância. Será que você anda lutando para manter a estabilidade no casamento ou no emprego? Pois, então, entenda que quando você busca estabilidade está procurando segurança, a permanência de uma situação, mas a única coisa permanente que existe é a mudança — grande paradoxo! Seu relacionamento afetivo hoje, neste momento, já não é o mesmo de ontem. Nestas poucas horas, muita coisa mudou, muitas palavras foram ditas, positivas ou não, e, mesmo que você não perceba, a cada momento você e todos nós somos outras pessoas. Isso é mudança, e é por isso que estabilidade é uma ilusão.

Muitos relacionamentos de longos anos são desfeitos porque os parceiros se frustram quando percebem que os sentimentos mudam e que, se não investirem em tempo e carinho mútuos, mudarão para pior, com certeza.

Na vida profissional acontece o mesmo: às vezes, a pessoa, mesmo infeliz com o que faz, não tem coragem de assumir riscos e empreender novos caminhos; fica insistindo em agir como em tempos passados, sem se dar conta de que se não houver preparo e atualização constante, a concorrência vai ocupar seu espaço, sem muito esforço.

Mesmo que você seja daqueles que resistem às mudanças, saiba que é impossível não mudar. Em todos os momentos, você muda, mesmo sem querer — os anos passam e as emoções e experiências se acumulam.

Então, se é assim, deixe sua vida fluir com mais naturalidade, aceite os novos desafios do porvir e entenda que a única forma de permanecer ou sobreviver, em todas as situações, é aceitando mudar.

E pare de ficar insistindo ou esperando que os outros ou o mundo mudem primeiro. Ninguém muda ninguém, a não ser a si mesmo! Você é o autor de sua própria história, e sua transformação, em todos os aspectos de sua vida, só depende de você!

Pausa para reflexão

A história da lagartinha

Extraída do livro *Síndrome do Pânico*, da dra. Sofia Bauer

Havia uma lagartinha que tinha muito medo de sair por aí e morrer pisoteada pelos homens. Por isso, foi se fechando. As plantas também a rejeitavam, achando que ela só queria comer suas folhas. Mal sabiam que essa lagartinha gorda, que rastejava pedindo ajuda, poderia ser aquela borboleta que viria ajudar a polinizar as flores dessas mesmas plantas.

Mas a lagartinha só chorava, apertada em sua tristeza, até que uma coruja disse a ela: — Pare de chorar, faça alguma coisa! Aí dentro de você mora uma linda borboleta, deixe-a sair. Ela pode voar, ser aceita pelos homens e pelas plantas, ver lá de cima o que você vê daqui debaixo, mudar de jardim e tudo o mais.

A lagartinha, então, pediu ajuda. Como poderia se tornar borboleta?

A coruja, sábia amiga, disse-lhe que era necessária uma metamorfose, uma mudança, em que precisava se fechar num casulo para empreender esforços; que viriam dores, mas só as necessárias para fazer as mudanças. Mas o que realmente seria necessário era o pensamento positivo. Pensar que poderia ser livre, bem-aceita e voar leve por onde desejasse. Que pensasse em ser borboleta o tempo todo e tudo poderia ir mudando, até que, mais rápido do que ela imaginasse, sairia do casulo como uma borboleta.

Associar nossa transformação interior à metamorfose da borboleta é muito inspirador. Por isso, a capa de meu livro *Acordando para a Vida* traz, ilustrada, uma bela borboleta saindo do casulo.

É... Mudar não é tão simples quando poderia ser...
Para que sua coragem de mudar entre em ação, há de se ter... preparo para vencer!

38

A Importância do Preparo

Em todos os campos de sua existência, se você quiser ser um vencedor, vai precisar de uma ferramenta essencial: o preparo.

Uma das maiores causas de fracassos pessoais e profissionais — famílias desunidas, casamentos desfeitos, empresas falidas, desempregados em desespero etc. — é a falta de preparo.

Na vida pessoal, por exemplo, como ser feliz em um relacionamento amoroso se cada um dos parceiros não for preparado para ser feliz consigo mesmo primeiro? A maior preparação para uma vida amorosa plena é a nutrição de sua autoestima, em que, ao invés de você procurar a sua "metade", você — "inteiro" e confiante — vai encontrar outro "inteiro" e convicto de seu próprio valor. Isso é preparo para viver a dois.

Depois, há de se ter preparo para viver em família, para a educação dos filhos e como conduzi-los para uma vida adulta independente e satisfatória. Hoje, felizmente, são inúmeras as opções de leitura que os pais têm para se preparar com responsabilidade para sua nobre missão de maternidade e paternidade.

Minha filosofia de vida é sempre me preparar para o melhor, por meio de muito estudo e trabalho feito com dedicação, além de pensamentos e autossugestões continuamente positivos, com planos em todas as áreas de minha vida, pois, caso um não se realize, tenho outros para colocar meu foco. Dessa forma, com o devido preparo — e colocando expectativas em mim mesma, e não nos outros —, mesmo sofrendo com o que "pareça" pior, eu acredito que não "perderei meu chão", porque já sei que a vida é assim, uma "caixinha de surpresas".

E esta confiança que procuro alimentar em minha alma só é possível porque me sinto segura de que estou sob a proteção de uma Força Superior que me fortalece, na alegria ou na tristeza. Nada melhor que a fé para nos preparar para uma vida com menos ansiedade ou medo do futuro.

Na vida profissional, preparo também é tudo! Procure aprender além do que sua profissão exige e prepare-se realizando mais do que você é pago para fazer. Atitudes assim têm o poder de atrair prosperidade para sua vida. E, então, quando atingir o sucesso, depois de tanto preparo, sinta-se um grande "sortudo" mesmo, pois a sorte nada mais é que a união da preparação com a oportunidade.

Permaneça atento a seus pensamentos e ações porque, como diz um antigo ditado: *"Há muita gente no quintal procurando um trevo de quatro folhas para lhe trazer sorte, e não consegue ouvir a oportunidade batendo à sua porta"*.

E, neste preparo constante para o melhor, observe suas atitudes e, por meio do poder da visualização, crie em sua mente dois filmes: um de como será seu futuro baseado em quem você é hoje, e outro de como poderá ser seu futuro se você for melhor do que é hoje.

Isso! Faça como os japoneses, que vivenciam um lema muito interessante chamado Kaizen — palavra que significa melhoria contínua, gradual, na vida em geral (pessoal, familiar, social e no trabalho): *"Hoje sou melhor do que ontem, e amanhã serei melhor do que hoje!"*

Com o devido preparo, você vai crescer e alcançar todos os seus objetivos, um a um, por merecimento. Portanto, acredite em seu potencial e prepare-se: seu sucesso só depende de você!

Pausa para reflexão

Um menino de futuro

Virgílio Vasconcelos Vilela

O que o anjo faria com aquele menino desleixado? Era uma vez um menino muito desleixado e mal-educado. Se tirava, não guardava. Se guardava, era de qualquer jeito. Se tirava a roupa, onde caía ficava. Escovava mal escovado, quando escovava. Penteava atrapalhado.

Seus pais tentavam fazer com que ele melhorasse. E falavam no seu ouvido. E falavam de novo. E filho isso, filho aquilo, faça assim, não faça assado. Mas ele não melhorava, nem um pouquinho que fosse.

No entanto, o menino tinha um anjo da guarda muito paciente e bom (haverá algum que não seja?), que se preocupava com ele. O anjo sabia que, se o menino continuasse assim, seria muito ruim para ele. Já havia tentado aparecer nos seus sonhos, sem resultado. Então, o anjo tomou uma decisão: iria aparecer de verdade para o menino. É, anjos não costumam aparecer, mas podem quando querem. E ele assim o fez.

Um dia, o menino tomava seu banho (desleixado) quando chamou sua atenção uma luz suave entrando pela pequena janela do banheiro. Seu coração bateu mais forte: a luz foi tomando forma, a forma de um moço bonito, com belas asas brancas e vestido com uma bata azul, suspenso no ar. O garoto não sabia se gritava, se pegava a toalha ou se corria, e ficou imóvel, de boca aberta e olhos arregalados, olhando o anjo.

O anjo fez um sinal para o menino fechar a torneira do chuveiro, e ele o fez. Em seguida apontou para a parede, onde começaram a surgir imagens, como num filme. Ao se ver no filme, o menino se interessou, e até se esqueceu de perguntar quem era o anjo. Esqueceu-se até de que estava pelado.

E o menino viu, nas imagens muito coloridas do filme, ele mesmo. Não o menino desleixado e mal-educado. O que ele viu foi a si mesmo guardando suas roupas no armário. Viu-se escovando muito bem os dentes, e viu estes muito brancos e bonitos. E se viu brincando e também organizando seus brinquedos. Viu-se brincando na terra e depois colocando as roupas sujas no cesto de roupa para lavar. Viu-se respeitando os mais velhos, e também os mais novos. Viu também como tinha tempo para estudar e para brincar. E viu mais: viu como seus pais ficavam satisfeitos com ele. Viu como tinha muitos amigos, e como os amigos gostavam dele, e os pais dos amigos também gostavam dele.

E o filme continuou a passar, com cores bonitas. O menino do filme foi crescendo. Passando de ano na escola com boas notas. Brincando, na hora de brincar. Namorando, na hora de namorar. Ajudando nas coisas da sua casa. Tudo com muito capricho e cuidado. Viu-se também ajudando pessoas, e sendo ajudado. Em cada idade, muitos amigos e amigas, e uma expressão feliz. Viu-se também errando algumas vezes, e aprendendo muitas coisas interessantes com os erros. E viu que ele também estava mais satisfeito consigo mesmo. Eram tantas coisas bonitas que o menino sentiu vontade de entrar no filme.

De repente, ao lado desse filme surgiu outro filme, com imagens bem diferentes, que o garoto conhecia muito bem. Nestas novas imagens aparecia ele, o garoto desleixado, escovando mal os dentes. Tratando mal as pessoas. Fazendo seus deveres de qualquer jeito. Quando o garoto do segundo filme começou a crescer, repetindo o ano na escola e com os dentes cariados, o menino, desviando o olhar das imagens, tapou os olhos com as mãos. O anjo viu que ele tinha percebido o que iria aparecer ali, e as imagens do segundo filme foram enfraquecendo, enquanto o primeiro filme ficava ainda mais belo.

Nesse momento, alguém bate na porta e ouve-se a voz da mãe do menino reclamando da demora. O menino, tirando as mãos dos olhos, vê o anjo levando o dedo indicador à boca, como quem diz: "Você não precisa contar para ninguém". As imagens na parede sumiram e o anjo foi voltando à forma de luz até desaparecer pela janela, enquanto o menino olhava, maravilhado.

Ouvindo de novo a voz da mãe insistindo, o menino respondeu, enquanto esfregava atrás das orelhas com a bucha:

— Mamãe, é que estou caprichando!

No processo de transformação pessoal, outro preparo importante diz respeito a ganhos e perdas.

Pois, então, vamos prosseguir em nossas reflexões...

39

Mudanças — Ganhos e Perdas

Você já percebeu como a maioria de nós tem resistência às mudanças? Sabe por que isso acontece? Por causa de nosso apego ao passado, da falta de desprendimento em relação às pessoas ou coisas que fazem parte de um tempo que não volta mais, mas que insistimos em tentar manter vivo em nossa mente e em nosso coração.

Quem age assim não percebe quantas novas oportunidades perde a cada dia por ficar insistindo na estabilidade, sendo que a única coisa que não muda nessa vida é a certeza da mudança, mais dia, menos dia. Mudança de comportamento, mudança de vida, mudança de emprego, de casa, de cidade, de país, mudanças que são necessárias para nossa evolução, mas que, por falta de preparo, podem trazer muito sofrimento. O preparo a que me refiro quer dizer estar consciente de que toda e qualquer mudança sempre trará ganhos e perdas — isso é fato!

Então, quando você precisar fazer alguma mudança em qualquer área de sua vida, faça o balanço entre os ganhos e as perdas e decida, sabendo que o que vai realmente determinar seu sucesso ou felicidade em sua escolha é, principalmente, aquilo em que você colocar seu foco. Se você escolher a lamentação pelas perdas, com apego ou sentimento de revolta, atrairá dores e lágrimas; mas se você quiser comemorar os ganhos, valorizando a chance de crescer ao sair de sua "zona de conforto", aí sim, eu lhe garanto que sua mudança lhe trará muitas surpresas e prosperidade.

Guarde bem: para ser bem-sucedido em toda e qualquer mudança em sua vida há de se ter sabedoria e desprendimento!

Pausa para reflexão

Desprendimento

Autor desconhecido

Um dia, um homem já de certa idade abordou um ônibus. Enquanto subia, um de seus sapatos escorregou para o lado de fora. A porta se fechou e o ônibus saiu; então ficou impossível recuperá-lo.

O homem, tranquilamente, retirou seu outro sapato e jogou-o pela janela.

Um rapaz no ônibus, vendo o que aconteceu e não podendo ajudar o homem, perguntou:

— Notei o que o senhor fez. Por que jogou fora seu outro sapato?

O homem prontamente respondeu: — De que adiantaria eu ficar lamentando a perda do sapato? Assim, quem encontrar o sapato perdido, logo encontrará seu par e poderá usá-los.

Acredito que a principal motivação para nossas mudanças seja a busca do equilíbrio, de nossa paz interior. Mas, afinal, como encontrar a tão almejada paz interior? Vamos refletir a respeito...

40

Paz Interior

Uma das maiores necessidades de nosso Planeta é a paz. Sabemos que, neste instante, enquanto estamos aqui, em um momento de reflexão, muitas pessoas, pelo mundo afora, estão sofrendo e outras tantas morrendo, por causa de guerras, da falta de entendimento e de amor ao próximo. E é inviável falar de paz mundial sem se referir à paz interior, um requisito primordial para a harmonia entre os povos.

O sentimento de paz inicia-se dentro de cada um, passando pelos relacionamentos afetivos, sociais e profissionais. Quando há desequilíbrio em uma dessas áreas, consequentemente, o mundo ao redor fica com sua paz comprometida. Basta estudar a biografia dos líderes que instigaram as guerras, em todos os tempos, para entender que a guerra maior era travada dentro deles, além dos conflitos familiares que vivenciaram em sua infância.

Paz interior é aquela sensação agradável de estar com a consciência tranquila, com o dever cumprido, em equilíbrio com as emoções. Dias atrás, no Facebook, vi uma citação anônima que compartilho com você: *"Sentir paz é o mesmo que dormir de conchinha com a própria alma!"*

Vamos, então, refletir sobre alguns aspectos que conduzem à paz interior:

- Autoestima, autoconfiança, autovalorização e valorização de sua vida, das pessoas à sua volta e de seu trabalho;
- Colocar a verdade como o leme de sua existência, sendo honesto em todos os relacionamentos;
- Paciência com as pessoas ou situações difíceis, desenvolvendo atitudes amigáveis em relação aos outros;
- Sentimentos de perdão e autoperdão, lembrando-se que ódios e culpas abrem brechas para que o mal o atinja;
- Saber lidar com os ganhos e as perdas, vivendo com os dois pés fincados no "aqui e agora";

- Ser resiliente, ou seja, não se deixar "quebrar" com as "tempestades" que assolem seu viver;
- Ter controle das preocupações, pois dificuldades que são enfrentadas com crenças libertadoras (esperança, fé, confiança), ao invés de se transformarem em problemas, transformam-se em novas oportunidades e soluções criativas;
- Desenvolver pensamentos prósperos, acreditando na abundância e no melhor para todos;
- Ter sentimentos puros de gratidão, porque quanto mais você agradece, mais a vida lhe retribui com harmonia e sucesso;
- Cultivar a espiritualidade e a religiosidade, seja em que religião você preferir; o importante é sentir no fundo da alma que uma Força Superior vibra pelo seu bem e espera de você atitudes sábias e generosas;
- Preservar o bom humor, mesmo em situações embaraçosas, porque não há mal que resista a um sorriso sincero ou a pensamentos positivos.

Estes são alguns comportamentos de quem possui a índole pacífica ou que busca a tranquilidade interior. Como você vê, é fácil: basta que você escolha o caminho do amor verdadeiro, sem cobranças e condições, porque a paz só é possível quando o amor está presente!

Além disso, medite, desfrute das belezas da natureza e, sobretudo, fale com Deus!

Pausa para reflexão

A paz

Autor desconhecido

Certa vez, houve um concurso de pintura, e o primeiro lugar seria dado ao quadro que melhor representasse a paz.

Ficaram, dentre muitos, três finalistas empatados. Os dois primeiros quadros retratavam cenas explícitas de paz na natureza, porém, o terceiro mostrava um grande rochedo sendo açoitado pela violência das ondas do mar em meio a uma tempestade estrondosa e cheia de relâmpagos.

Mas, para surpresa e espanto dos finalistas, o escolhido foi o terceiro quadro, o que retratava a violência das ondas contra o rochedo.

Indignados, os dois pintores que não foram escolhidos questionaram o juiz que deu o voto de desempate: — Como este quadro tão violento pode representar a paz, senhor juiz?

E o juiz, com uma serenidade muito grande no olhar, disse: — Vocês repararam que em meio à violência das ondas e à tempestade há, numa das fendas do rochedo, um passarinho com seus filhotes dormindo tranquilamente? Então, caros amigos, a verdadeira paz é aquela que, mesmo nos momentos mais difíceis, nos permite repousar tranquilos. Talvez muitas pessoas não consigam entender como pode reinar a paz em meio à tempestade, mas não é tão difícil de entender. Considerando que a paz é um estado de espírito, podemos concluir que, se a consciência está tranquila, tudo à volta pode estar em revolução que conseguiremos manter nossa serenidade.

Se fizermos uma comparação com o quadro vencedor, podemos dizer que o ninho do pássaro que repousava serenamente com seus filhotes representa a nossa consciência. A consciência é um refúgio seguro quando nada tem que nos reprove. E também pode acontecer o contrário: tudo à volta pode estar tranquilo e nossa consciência arder em chamas.

A consciência, portanto, é um tribunal implacável, do qual não conseguiremos fugir, porque está em nós. É ela que nos dará possibilidades de permanecer em harmonia íntima, mesmo que tudo à volta ameace desmoronar ou acuse sinais de perigo solicitando correção. Sendo assim, concluiremos que a paz não será implantada por decretos nem por ordens exteriores, mas será conquista individual de cada criatura, portas adentro de sua consciência.

Uma das dificuldades para o encontro da paz interior é o padrão de pensamento pessimista, o medo do desconhecido, o temor quanto aos resultados das mudanças. Então, para você enfrentar melhor todas essas questões, nada melhor que desenvolver habilidades que garantam sua felicidade e suas realizações.
Veja como...

41

Habilidades para Ser Feliz

Eu conheço muitas pessoas que têm tudo para ser um grande sucesso — inteligência brilhante, oportunidades financeiras e profissionais, estudos avançados etc. —, mas que, por mais que cresçam profissionalmente, não conseguem se manter lá em cima, e, ao mesmo tempo, levam uma vida pessoal muito conturbada...

O que será que as impede de prosperar?

É bom lembrar que prosperidade é o resultado da soma de três fatores: dinheiro, saúde e bons relacionamentos. E, a meu ver, é no fator "bons relacionamentos" que está a resposta para esta questão.

De que adianta ter dinheiro e saúde, se você não sabe tratar bem as pessoas, não tem simpatia nem interesse por ninguém? De que vale ter milhões em um banco e uma "saúde de ferro", se você não tem com quem compartilhar?

A dificuldade que algumas pessoas apresentam em seus relacionamentos pessoais ou profissionais revelam um baixo grau de inteligência emocional — um conjunto de habilidades que cada dia tem sido mais valorizado na busca das empresas por profissionais de qualidade.

Entenda por inteligência emocional aquela que nada tem a ver com o intelecto, mas sim com a capacidade de lidar e controlar os próprios impulsos e emoções. Segundo pesquisas, o Q.I. (quociente intelectual) só influencia em 20% como fator determinante do sucesso. Já o Q.E. (quociente de inteligência emocional), quando desenvolvido, garante ao indivíduo uma evolução pessoal e profissional muito rápida, porque, ao ser sensível em relação às emoções dos outros, ele se torna mais carismático, amável, de boa convivência e, consequentemente, um líder de verdade.

Para facilitar sua compreensão, vou listar aqui algumas características das pessoas com inteligência emocional mais aprimorada:

- São gratas (contam suas bênçãos);
- Sabem perdoar (não gostam de julgar);
- São bem-humoradas;
- São generosas;

- Sabem ouvir os outros (são bons aprendizes da vida);
- Aceitam as imperfeições humanas com naturalidade (sem decepções);
- Assumem o controle de sua vida (não culpam os outros);
- Não se intimidam com os fracassos (aprendem com eles);
- São muito persistentes (porque visam aos resultados);
- Sabem expressar suas necessidades e seus desejos (sem medo das críticas, pois as aproveitam para aprender e melhorar);
- Sabem dizer "não" quando é preciso (sem culpa);
- Demonstram um cuidadoso controle sobre seus impulsos (pensam antes de agir);
- São amadurecidas em relação aos ganhos e perdas (ganham, sem vaidade, e sabem perder com dignidade, porque, mesmo perdendo, ganham uma preciosa lição);
- Sabem que são imperfeitas e sensíveis (mas agem como vencedoras);
- Possuem uma visão realista da felicidade (estão preparadas para os "nãos" que a vida oferece);
- E, como são proativas e realizadoras, têm seu plano de vida sempre por escrito, com metas claras e bem definidas.

Resumindo, observe que a inteligência emocional está diretamente relacionada à autoestima — ingrediente principal da receita da felicidade. E o primeiro passo para aprimorar sua forma de se relacionar consigo mesmo e com os outros é o autoconhecimento — saber quem você é (não o que você faz...) e, depois, saber tudo de melhor que você pode ser. Nunca é tarde para decidir se melhorar, mudando pensamentos, emoções e atitudes.

E então, amigo leitor? Assustou-se com essa lista? Ah... Não se preocupe, porque tenho certeza de que, se você se interessa por temas como esse, você já tem dentro de si inúmeras dessas habilidades. Só falta sua permissão para que elas se manifestem e atraiam o sucesso e a alegria de viver que você tanto deseja!

PAUSA PARA REFLEXÃO

Receita de d. Cacilda

Autor desconhecido

Dona Cacilda é uma senhora de 92 anos, miúda, e tão elegante que, todos os dias, às 8 da manhã, já está vestida, bem penteada e discretamente maquiada, apesar de sua pouca visão.

E, hoje, ela se mudou para uma casa de repouso — o marido, com quem ela viveu 70 anos, morreu recentemente, e não havia outra solução.

Depois de esperar pacientemente por duas horas na sala de visitas, ela ainda deu um lindo sorriso quando a atendente veio dizer que seu quarto estava pronto. Enquanto ela manobrava o andador em direção ao elevador, eu dei uma descrição do seu minúsculo quartinho, inclusive das cortinas de tecido florido que enfeitavam a janela. Ela me interrompeu com o entusiasmo de uma a garotinha que acabou de ganhar um filhote de cachorrinho: — Ah, eu adoro essas cortinas.

— Dona Cacilda, a senhora ainda não viu seu quarto, espere mais um pouco.

— Isso não tem nada a ver — ela respondeu. — Felicidade é algo que você decide por princípio. Se eu vou gostar ou não do meu quarto, não depende de como a mobília vai estar arrumada. Vai depender de como eu preparo minha expectativa. E eu já decidi que vou adorar. É uma decisão que tomo todo dia quando acordo. Sabe, eu posso passar o dia inteiro na cama, contando as dificuldades que tenho em certas partes do meu corpo que não funcionam bem ou posso levantar da cama agradecendo pelas outras partes que ainda me obedecem.

— Simples assim?

— Nem tanto. Isso é para quem tem autocontrole, e exigiu de mim certo "treino" pelos anos afora, mas é bom saber que ainda posso dirigir meus pensamentos e escolher, em consequência, meus sentimentos.

Calmamente, ela continuou: — Cada dia é um presente; e, enquanto meus olhos se abrirem, vou focalizar o novo dia, mas também as lembranças alegres que eu guardei para esta época da vida. A velhice é como uma conta bancária: você só retira aquilo que guardou. Então, meu conselho para você é depositar um monte de alegrias e felicidades em sua "Conta de Lembranças". E, aliás, obrigada por este seu depósito no meu Banco de Lembranças. Como você vê, eu ainda continuo depositando e acredito que, por mais complexa que seja a vida, sábio é quem a simplifica.

Depois me pediu para anotar:

1. Jogue fora todos os números não essenciais para sua sobrevivência. Isso inclui idade, peso e altura. Deixe seu médico se preocupar com eles. Para isso ele é pago.

2. Frequente, de preferência, seus amigos alegres. Aqueles de baixo-astral puxam você para baixo.

3. Continue aprendendo. Aprenda mais sobre computador, artesanato, jardinagem, qualquer coisa. Não deixe seu cérebro desocupado. Uma mente sem uso é a oficina do diabo. E o nome do diabo é Alzheimer.

4. Curta coisas simples.

5. Ria sempre, muito e alto. Ria até perder o fôlego; ria para você mesma no espelho, ao acordar, e que o sorriso seja sua última "atitude" antes de dormir.

6. Lágrimas acontecem. Aguente, sofra e siga em frente. A única pessoa que acompanha você a vida toda é você mesmo. Esteja vivo enquanto você viver e seja uma boa companhia para si mesmo.

7. Esteja sempre rodeado daquilo de que você gosta: pode ser família, animais, lembranças, música, plantas, um hobby, o que for. Seu lar é seu refúgio, sua mente seu paraíso.

8. Aproveite sua saúde. Se for boa, preserve-a. Se está instável, melhore-a da maneira mais simples: caminhe, sorria, beba água, ore, veja comédias, leia piadas, histórias de aventuras ou romances.

9. Não faça viagens de remorsos. Viaje para o shopping, para a cidade vizinha, para um país estrangeiro, pegue carona numa cauda de cometa, imagine os mais diversos objetos formados pelas nuvens no céu, mas evite as viagens ao passado, pois você pode ficar retido na estação errada. Escolha as lembranças que quer ter; não se deixe dominar por elas ou perderá o direito à escolha.

10. Diga a quem você ama que você realmente o ama, e diga isso em todas as oportunidades, através do olhar, do toque, das palavras, das ações diárias e do carinho. Seja feliz com seu próprio sentimento e não exija retribuição; você terá, de graça, o que o outro sentir; nada mais, nada menos.

É isso aí, amigo leitor! Deixe sua vida fluir com mais naturalidade, aceite os novos desafios que surgem e entenda que a única forma de permanecer ou sobreviver, em todas as situações, é aceitando mudar, sem ficar esperando que os outros mudem primeiro.
Você é o construtor de seu futuro e sua transformação, em qualquer área de seu viver, só depende de você!

42

Qual o Melhor Caminho?

"Qual o melhor caminho?" Esta é uma pergunta que todos nós, um dia ou outro, nos fazemos: *"Qual o melhor caminho?"*

É normal e saudável que você se questione, de tempos em tempos, se o caminho de vida que você está seguindo é o melhor... Às vezes, é até o único disponível, mas isso não o impede de procurar e querer novos rumos.

Hoje em dia, devido à amplitude de opções que a vida nos oferece, é comum as pessoas se sentirem perdidas em relação aos estudos e à carreira. Cursam uma faculdade por anos e, depois de formadas, descobrem que aquela não é a profissão que combina com elas, ou que não estão felizes com aquele trabalho...

Se você se encaixa nessa situação, sabe que é aí que começam as críticas dos familiares e de sua própria voz interior, cobrando-lhe pelo tempo que consideram perdido.

Realmente, não é uma boa fase da vida quando você se descobre trabalhando com o que não combina com você, mas entenda que, em nossa existência, nada acontece por acaso! Tudo o que você aprende — e faz — um dia vai lhe servir como experiência valiosa. É só questão de saber esperar...

Se você está, hoje, em um emprego que não gosta ou em um relacionamento insatisfatório, a minha sugestão é que você comece a utilizar seu potencial de vontade e de imaginação para transformar sua vida. Ter vontade de mudar é muito importante, porém, além de querer mudar, você precisa saber especificamente o que quer mudar e, mais ainda, você precisa imaginar-se mudado, ver-se na nova situação que deseja. É a imaginação que vai criar a realidade para você!

E, sabendo que estamos neste Planeta para realizar algo que seja marcante positivamente, comece desde já a procurar sua finalidade de vida, o porquê de você estar vivo "aqui e agora".

Como fazer isso? Tenho uma técnica infalível — para mim surtiu efeito em poucas semanas —, que aprendi com o grande mestre do sucesso, o médico e escritor Lair Ribeiro: todas as noites, antes de se deitar, coloque um copo com água na cabeceira de sua cama, beba a metade da água e faça a seguinte pergunta ao Universo: "Qual é a minha finalidade de vida?" Depois, deite-se, durma e deixe seu inconsciente trabalhar a noite toda com esse questionamento tão sério. Ao acordar, beba o restante da água e repita a mesma pergunta ao Universo. Não importa quanto tempo você necessite praticar essa técnica — cada pessoa tem o seu ritmo —, o que realmente importa é o que vai acontecer em sua vida daí para frente. Fique sintonizado e aguarde as pequenas "coincidências", as sutis respostas que vão surgir para você. Parece, mas não é mágica — é um condicionamento mental que vai deixá-lo mais receptivo aos sinais do Universo.

Foi assim que descobri minha finalidade de vida, em uma época em que eu trabalhava em áreas completamente diversas das atuais. E, hoje, vejo que minha experiência profissional tão eclética e os trabalhos mais variados que realizei favoreceram minha desenvoltura e autoconfiança nas palestras, nos programas em TVs e rádios e em outras atividades.

Assim, eu consigo colocar em prática estes ensinamentos do filósofo chinês Confúcio, que dizia, há 500 anos a.C.: *"Escolha um trabalho que você ame e você não terá de trabalhar um único dia de sua vida"*.

Guarde bem: o melhor caminho para você sempre será aquele que vai levá-lo à realização de sua missão pessoal. Portanto, busque esta união — trabalho e finalidade de vida —, e aquilo que era trabalho vai se tornar um delicioso "hobby" remunerado!

PAUSA PARA REFLEXÃO

Sem medo de mudar

Dedico esta história a todas as pessoas que ainda temem as mudanças

Hoje, como em todos os dias, Antônio Carlos, o Tonico, chegou para trabalhar, no turno da manhã, e saudou o sr. Noel, o porteiro, que se preparava para ir embora, já que seu turno tinha acabado.

Só que, nessa manhã, Tonico estava muito nervoso. Havia brigado com sua esposa por causa da mania dela de perfeição, de organização e de querer tudo limpinho o tempo todo dentro de casa. Estava ficando insuportável conviver com ela. Era briga todo dia. Ele a achava muito intolerante e queria muito que ela fosse mais amiga, mais calma e não se importasse tanto assim com a casa. Queria que ela fosse mais dócil, como no começo de seu casamento... Mas não tinha jeito. Parece que ela não ia mudar nunca... Que saudade dos bons tempos!

Sr. Noel, depois de ouvir toda a lamentação de Tonico, com a sabedoria de sua avançada idade, perguntou: — Tonico, você já pisou duas vezes na mesma água de um rio?

— Claro que não! A água passa e muda o tempo todo... — respondeu Tonico, bastante intrigado.

— Então, meu amigo, nós somos como as águas que passam, nós mudamos até quando não queremos mudar!

— Mas por que o senhor está falando assim comigo, *seu* Noel?

— É porque tenho observado você, há muito tempo. E, pelas nossas conversas, vejo que você é muito inflexível. Só aceita aquilo que para você é o certo, não escuta ninguém, e quando alguém sugere uma nova forma de resolver algum problema, você diz: *"prefiro o certo que o duvidoso"*. Você não gosta nem de pensar em mudar, mas fica querendo que os outros mudem...

— Nossa, *seu* Noel, parece até que o senhor está dentro de mim para saber tanto...

— Na minha idade, Tonico, a gente fica mais observador, e eu também era como você, quando mais novo. Achava que mudar era como se eu estivesse me dobrando às ideias dos outros. Sabe o que aconteceu comigo? Meu casamento acabou, meus filhos foram embora com a mãe e só consegui refazer minha vida sentimental depois que comecei a ler livros que me ensinaram que tudo o que acontece na minha vida faz parte das minhas escolhas. Daí, comecei a ver que para eu ser feliz deveria ser como um bambu, que se dobra com a tempestade, mas não se quebra com facilidade. Decidi que, se eu não mudasse, acabaria mudado pelos outros, de qualquer forma.

— E o que o senhor fez, *seu* Noel? — perguntou Tonico, interessado e bem mais calmo agora.

— Primeiro, entendi que eu tinha medo de mudar, medo de como eu seria se fosse diferente, mais amigo, menos cobrador, mais flexível. Eu sempre tive medo de arriscar.

— E aí, o que aconteceu?

— Então, resolvi enfrentar meus medos e comecei com pequenas mudanças: mudei todos os móveis de lugar, mudei o caminho para o trabalho, mudei a estação de rádio que eu escutava, coisas bem simples. Comecei a perceber que estas pequenas mudanças estavam me fazendo mais feliz e mais livre. Depois, comecei a me interessar mais pela opinião dos outros e aprender com a experiência dos mais velhos. Conheci uma nova companheira e, com ela, aprendi a ser mais atencioso e delicado. Procurei me reaproximar dos meus filhos, tratando-os de forma mais carinhosa. E hoje, Tonico, estou feliz no meu trabalho e muito feliz na vida familiar.

— Sr. Noel, acha que se eu tentar mudar meu jeito de ser vou ter uma vida familiar mais alegre? Mas como vou aguentar o mau humor da minha mulher? — perguntou Tonico, um pouco confuso ainda.

— A partir da sua mudança de comportamento, Tonico, sua esposa automaticamente mudará também. Mas você só vai saber se isso é verdade se fizer a sua parte...

Depois dessa conversa, Tonico passou o dia de trabalho com a cabeça em sua esposa, pensando em como poderia agir de forma diferente com ela, e mal viu o tempo passar, de tão ansioso que estava para voltar para casa e testar o que aprendeu...

É isso aí, amigo leitor! Mudar faz parte de sua sobrevivência e adaptação às naturais mudanças do mundo. Não adianta a postura inflexível diante das mudanças, porque se você não mudar por vontade própria, acabará mudado por força das circunstâncias.

Parte IV

Relacionamentos Felizes

Agora que você já entendeu a importância de não temer as mudanças necessárias em sua vida, prepare-se para um passeio instigante, no qual vai analisar como estão seus relacionamentos interpessoais hoje, e, se não estiverem tão felizes quanto deveriam, o que fazer para aprimorá-los.

43

A Arte de Conviver Melhor

A cada dia que passa, mais eu me encanto com o poder da mudança, das transformações pessoais. Sinto-me grata ao Universo por ter despertado em mim, há tanto tempo, o interesse por leituras, palestras, treinamentos e cursos que enfatizam o crescimento pessoal e profissional, o tão importante "autodesenvolvimento".

E um dos precursores desta área de autodesenvolvimento que têm marcado positivamente minha vida é o escritor norte-americano Dale Carnegie (1888-1955) — o mestre do entusiasmo, com seus livros (dentre eles: Como Fazer Amigos e Influenciar Pessoas e Como Evitar Preocupações e Começar a Viver) e seus treinamentos transformacionais.

Dale Carnegie, em seu estilo fluente e simples de escrever, nos ensina, por meio de princípios, a arte de conviver melhor, como se tornar uma pessoa mais amigável, mais convincente, com maior habilidade em liderança e muito menos preocupada.

Com ele aprendi essas nove regras fundamentais para um bom relacionamento, quer familiar (casais, crianças, jovens e idosos), quer profissional, que, se aplicadas com disciplina, podem levar a mudanças extremamente positivas em nossa vida:

1) "Não critique, não condene, não se queixe" (é o fim das lamentações! Acredito que seja a regra mais trabalhosa de realizar, mas que apresenta resultados fantásticos e imediatos);

2) "Aprecie honesta e sinceramente" (quem não gosta de elogios?);

3) "Desperte um veemente desejo nos demais" (para convencer, mostre o que será bom para o outro, sem nenhum traço de manipulação, é claro!);

4) "Torne-se verdadeiramente interessado na outra pessoa" (todos apreciam quem se interessa pelo seu bem);

5) "Sorria" (um sorriso tem o poder de derrubar montanhas de pessimismo e mau humor);

6) "Lembre-se que o nome de uma pessoa é, para ela, o som mais doce e mais importante que existe em qualquer idioma" (memorize os nomes das pessoas e repita-os, várias vezes, em uma conversa);

7) "Seja um bom ouvinte. Incite os outros a falar sobre si mesmos" (quem não gosta de falar sobre sua vida, suas alegrias e tristezas?);

8) "Fale de coisas que interessam à outra pessoa" (seja mais observador e aprenda a dominar assuntos de áreas diversas);

9) "Faça a outra pessoa sentir-se importante e faça-o com sinceridade" (você faz grandes amigos quando aprende a valorizar os outros pelo seu reconhecimento, nos menores detalhes que sejam).

No início, você deve aplicar estes princípios com atenção, de forma bem consciente, usando aqueles que mais se adequarem a cada caso; entretanto, com o tempo, você automatiza e se torna uma pessoa amigável de forma inconsciente, sem forçar nada.

E as recompensas são incontáveis — indivíduos mais colaborativos ao seu redor, maior tolerância e compreensão entre cônjuges, pais e filhos, e mais carinho e entusiasmo em seu viver.

Pausa para reflexão

Nós transformamos os ambientes

Autor desconhecido

O colunista Sydney Harris acompanhava um amigo à banca de jornal. O amigo cumprimentou o jornaleiro amavelmente, mas como retorno recebeu um tratamento rude e grosseiro.

Pegando o jornal que foi atirado em sua direção, o amigo de Sydney sorriu atenciosamente e desejou ao jornaleiro um bom fim de semana.

Quando os dois amigos desciam pela rua, o colunista perguntou: — Ele sempre te trata com tanta grosseria?

— Sim, infelizmente é sempre assim.

— E você é sempre tão atencioso e amável com ele? — perguntou o colunista.

— Sim, sou — respondeu o amigo, com naturalidade.

Mas Sydney Harris, sem entender a reação amigável do seu companheiro, perguntou — Por que você é tão educado, já que ele é tão rude com você?

E o gentil amigo respondeu: — Porque não quero que ele decida como eu devo agir.

Nós somos nossos próprios donos. Não devemos nos curvar diante de qualquer vento que sopra, nem estar à mercê do mau humor, da mesquinharia, da impaciência e da raiva dos outros.

Não são os ambientes que nos transformam, e sim nós que transformamos os ambientes. Ninguém pode estragar o seu dia, a menos que você permita!

Se alguém o importunar hoje ou ficar testando sua paciência, lembre-se dessa pequena história e guarde bem: "Ninguém pode estragar o seu dia, a menos que você permita!"

44

Assertividade Sem Culpa

Como você já sabe, o ingrediente fundamental para o sucesso — tanto pessoal quanto profissional — é a autoestima, e um dos requisitos para aprimorar sua autoestima é a assertividade, palavra pouco conhecida, ligada à palavra "asserção", que significa afirmação, alegação, asseveração. Simplificando, é o seguinte: ter um comportamento assertivo é saber dizer "sim" quando quiser dizer "sim", e dizer "não" sempre que necessário.

Muitas pessoas proclamam-se assertivas e autênticas, quando, na verdade, são agressivas, impondo suas ideias e seus conceitos. A assertividade é diferente... É característica de pessoas autoconfiantes, seguras da sua própria vontade, que sabem defender seu lugar no mundo sem agressividade nem prepotência.

Você sabe por que é tão difícil ser assertivo? Porque não foi isso que você aprendeu desde criança. Falando de forma generalizada, o que você vivenciou, durante sua vida, é que, para ser aceito pela família ou pela sociedade, precisa concordar com tudo o que eles querem, ser um "bonzinho" para todos, porque, caso contrário, correrá o risco de perder a atenção dessas pessoas. E, como é muito mais confortável balançar a cabeça afirmativamente e não correr riscos, você acaba aceitando o que não quer para evitar brigas e "cara feia".

Pois é... O lamentável é que a falta de assertividade pode conduzi-lo às doenças, porque "engolir sapos", com certeza, causa "indigestão" a qualquer um. Agir assim é como uma panela de pressão, que, em determinado momento, não suporta mais e, aí, suas emoções negativas se convertem em dores, doenças cardíacas, gástricas ou outras mais sérias ainda, como o câncer e a depressão. E, muitas vezes, é o seu próprio inconsciente que lhe providencia uma doença como justificativa para não fazer o que não quer, ou como forma de dizer "não" sem abrir a boca nem se indispor com ninguém. Cuidado — isso é armadilha das mais perigosas, engendrada por sua mente inconsciente na tentativa de protegê-lo!

A falta de assertividade começa na infância — acompanhada pelo medo do abandono — e segue, vida afora, afetando os relacionamentos afetivos e profissionais.

A pessoa que não consegue, ou melhor, não escolhe exercer seu direito de assertividade, vai, aos poucos, tornando-se desmotivada, sem carisma, totalmente sem objetivos, porque não é capaz de saber o que realmente quer para si, deixando-se conduzir pela opinião daqueles que a cercam. É uma situação lamentável, porque é grande o número de indivíduos cheios de talento que se agarram a situações "mais ou menos" por medo da mudança, por receio de não serem aceitos se agirem de forma diferente.

Procure em suas lembranças as experiências em que você conseguiu dizer "não" quando teve vontade e perceba como você se sentiu bem e autoconfiante nessa situação.

Entretanto, cuidado: não estou dizendo aqui para você negar tudo o que lhe pedem e cultivar o egoísmo, e, sim, que aprenda a escutar, com clareza, seu próprio coração. Desenvolva em si a capacidade de fazer escolhas por seus próprios critérios, sem temer críticas e reclamações, e, principalmente, seja assertivo sem culpa. É hora de ser sincero com a pessoa mais importante de sua vida: você!

E lembre-se: quanto mais praticar a assertividade, com diplomacia e sem agressividade, mais encantador você se tornará, e, melhor ainda, servirá de exemplo de autovalorização e autoconfiança para todos que o cercam!

Pausa para reflexão

Educação — um belo traje da alma

Autor desconhecido

Em um hospital, um médico, que não estava vestido de branco, conversava descontraído com o enfermeiro e o motorista da ambulância, quando uma senhora elegante chega e, de forma grosseira, pergunta: — Vocês sabem onde está o médico do hospital?

Com tranquilidade, o médico respondeu: — Boa tarde, senhora! Em que posso ser útil?

Ríspida, ela redarguiu: — Será que o senhor é surdo? Não ouviu que estou procurando pelo médico?

Mantendo-se calmo, ele disse: — Boa tarde, senhora! Eu sou o médico, em que posso ajudá-la?

— Como? O senhor? Com essa roupa?

— Ah! Senhora, desculpe-me! Pensei que a senhora estivesse procurando um médico, e não uma vestimenta...

— Oh! Desculpe, doutor! Boa tarde! É que... vestido assim, o senhor nem parece um médico...

Então, o doutor, delicadamente, lhe disse: — Veja bem as coisas como são: as vestes parecem não dizer muita coisa, pois, quando a vi chegar tão bem vestida, pensei que a senhora fosse sorrir educadamente para todos e depois nos desejaria uma boa tarde... Como se vê, as roupas nem sempre dizem muito... Porque um dos mais belos trajes da alma é a educação.

Você viu como é possível ser assertivo sem ser passivo nem agressivo? Nessa história, seria muito mais fácil para o médico "engolir" os desaforos, mas ele não estaria sendo sincero consigo mesmo. Então, com delicadeza, deixou uma lição e não foi obrigado a abafar palavras que precisavam ser ditas.

Então, vamos prosseguir e refletir, agora, sobre como não se deixar levar pelas decepções...

45

Escolha Viver Bem

No mundo ainda imperfeito em que vivemos, são muitas as vezes que nos decepcionamos com aqueles que nos cercam. E a decepção existe tão somente porque as pessoas costumam idealizar demais, ou seja, em vez de aceitar os outros como são, ficam tentando moldá-los conforme suas expectativas internas, e esse comportamento é extremamente prejudicial para qualquer tipo de relacionamento, seja pessoal ou profissional.

Há indivíduos, também, que, para não perder a admiração e a aprovação de familiares e amigos, mudam seu próprio jeito de ser e passam a agir de forma a agradar aos outros, o que faz um verdadeiro estrago em sua autoestima. Assim como há aqueles que, diante de injustiças ou desavenças, escolhem a vingança e o caminho de ressentimento e dor.

A receita da felicidade é ser autêntico, buscando viver de bem com a vida, nutrindo-se dos mais puros sentimentos, cultivando a compaixão e, principalmente, cuidando para não se contaminar com a revolta, o azedume e as mágoas das pessoas que lhe são próximas.

E a melhor forma de se proteger das influências negativas é fortalecendo sua autoconfiança e autoestima. Quem se ama e confia em seus próprios talentos possui uma natureza determinada e exemplifica aos outros o poder da valorização pessoal. Quem tem boa autoestima pratica o bem pelo grande prazer que é fazer a diferença na vida das pessoas, e não em busca de aprovação ou gratidão por seus atos. Não precisa cobrar de ninguém porque sabe que a vida é um eterno dar e receber...

Pausa para reflexão

Jamais mude sua natureza

Autor desconhecido

Um ancião viu um escorpião se afogando. Decidido a tirá-lo da água, quando o fez foi picado impiedosa e doloridamente por ele.

Por pura reação, o ancião acabou soltando-o, e o escorpião caiu outra vez na água. E de novo estava se afogando...

O velho tentou tirá-lo novamente, e, outra vez, o animal o picou.

Alguém que estava observando aproximou-se daquele bondoso mestre e lhe disse: — Desculpe-me, mas o senhor é muito teimoso! Não entende que todas as vezes que tentar tirá-lo da água, ele vai picá-lo?

O velho mestre respondeu: — Eu sei que a natureza do escorpião é picar, mas isso não vai mudar minha natureza, que é a de ajudar.

Então, usando uma folha, o mestre tirou o escorpião da água e salvou, mais uma vez, sua vida.

Jamais mude a sua natureza... E, se alguém lhe fizer algum mal, apenas tome as devidas precauções para não ser mais atingido!

Alguns perseguem a felicidade, outros a criam.

É... Você tem o poder de escolher como vai reagir diante das adversidades da vida — criar mais conflitos e sentimentos de rancor ou assumir seu verdadeiro papel de autor, protagonista e herói de sua própria história, com direito a finais felizes!

Agora, vamos refletir sobre o orgulho — este destrutivo estado de alma que só lhe atrasa o caminhar para a felicidade e o sucesso...

46

Orgulho e Solidão

A Humanidade, nestas últimas décadas, tem caminhado a passos largos no que tange à tecnologia, porém, a meu ver, ainda está com um caminhar muito lento no que diz respeito ao seu crescimento interior e autoconhecimento, e, por isso, tantas dificuldades na arte de se relacionar.

E um dos defeitos que mais atrapalham as pessoas, principalmente em seus relacionamentos, é o orgulho. Não aquele orgulho saudável, aquele sentimento de dignidade pessoal, que eu chamo de "orgulho positivo" ou autovalorização.

O lamentável é o orgulho exagerado, uma prepotência que, com o passar do tempo, afasta até os entes queridos, por não suportarem o convívio com alguém que sempre se diz melhor que os outros e não reconhece suas próprias limitações.

O que o orgulhoso não percebe é que, ao tentar se mostrar superior, sua arrogância lhe presenteia com a solidão. Ficar só, cercado por "muros emocionais", é o destino de todos aqueles que não percebem o valor dos outros e não sabem ser gratos.

Entretanto, não há só orgulhosos declarados. Vemos, também, um tipo de orgulho muito disfarçado, que é a falsa humildade. Sabe aquelas pessoas que, a pretexto de serem humildes, se escondem, não deixam o mundo conhecer seus talentos? Pois é, muitas delas são orgulhosas e, por temerem críticas, preferem viver na obscuridade. E, assim, acabam perdendo a preciosa oportunidade de participar da evolução deste nosso mundo, tão carente de indivíduos ousados que, sem medo de se sentir ridicularizados, sabem expor suas ideias, por mais inovadoras que possam parecer.

Outra forma de orgulho que leva ao sofrimento é a falta de humildade para pedir apoio, quando necessário. Há pessoas que preferem manter as aparências de que tudo está bem, estão "por cima", a procurar profissionais especializados para apoiá-las em seus conflitos existenciais. E, com isso, um problema que poderia ser passageiro e pequeno pode se tornar permanente e gigante.

Portanto, todo cuidado é necessário para que você não se deixe levar pela tortuosa estrada do orgulho, porque... ela termina no tenebroso vale da solidão!

Pausa para reflexão

A lição da caveira

Autor desconhecido

Um príncipe, orgulhoso de sua realeza, certo dia foi caçar em lugar montanhoso e afastado. A certa altura de seu caminho, viu um velho eremita, sentado diante de sua gruta e muito atento observando uma caveira que tinha nas mãos.

Indignado por não lhe ter o velho dado a menor atenção, nem sequer levantado os olhos para a sua companhia de caçadores, o príncipe aproximou-se dele e disse-lhe, entre rude e zombeteiro: — Levanta-te quando por ti passar o teu senhor! Que podes ver de tão interessante nessa pobre caveira, que chegas a te abstrair da passagem de um príncipe de tantos poderosos fidalgos?

O eremita, erguendo para ele os olhos mansos, respondeu, em voz singularmente clara e sonora: — Perdoa, senhor. Eu estava procurando descobrir se esta caveira tinha pertencido a um mendigo ou a um príncipe, mas não consigo distinguir de quem seja. Nestes ossos nada há que me diga se a carne que os revestiu repousou em travesseiros de plumas ou nas pedras das estradas. Eu não saberia dizer se devia levantar-me ou conservar-me sentado diante daquele que em vida foi o dono deste crânio anônimo.

O príncipe, de cabeça baixa, prosseguiu o seu caminho, mas a caçada não teve, naquele dia, nenhum encanto para ele. A lição da caveira realmente abatera-lhe o orgulho.

Livrando-se deste autodestrutivo sentimento de orgulho, você abre as portas para a alegria de relacionamentos felizes.

Veja, agora, como desenvolver dentro de si sentimentos construtivos tais como a gratidão, a solidariedade e o comprometimento com uma vida mais plena.

47

O Poder Mágico da Gratidão

Você já se deu conta do quanto a Lei da Atração influencia sua vida e seus relacionamentos? Isso mesmo! Tudo aquilo que você pensa a respeito do amor, do casamento, dos filhos, das amizades, do trabalho e de você mesmo é exatamente o que você atrai para sua existência. Tudo aquilo em que você coloca seu foco se expande.

Se a história que você vive hoje não está tão boa quanto acredita que merece, é porque você deve ser uma pessoa que reclama demais, vive apontando o que lhe falta, perde seu tempo observando como é a vida dos outros, e se esquece do poder mágico da gratidão.

Só há um caminho para você mudar o rumo dos acontecimentos negativos de sua história de vida: mude seus pensamentos. Sim, pensamentos geram ações e são estas que geram os resultados. Se você quiser vivenciar alegria e prosperidade, entre já no clima da gratidão: conte suas bênçãos — faça uma lista de tudo de maravilhoso que você já tem ou conseguiu, e agradeça ao Universo por tantas conquistas.

A gratidão é a porta de acesso para a realização de seus desejos, para seu encontro com o bem-viver. Jogue fora suas palavras de queixas, condenações e críticas e pratique ser mais focado em suas metas — seus sonhos com datas marcadas para acontecer.

Sabe por que há tanta gente sofrendo neste mundo? Porque as pessoas são observadoras demais, maledicentes e críticas. Para evoluir, em todos os campos do viver, é preciso ser menos observador e mais "visionário", ou seja, em suas visões de futuro, prestar mais atenção em seu plano de vida e investir seu tempo e talentos na construção sólida de uma existência plena de alegria, sucesso e harmonia.

Importante, também, é saber que você deve gratidão não só aos que lhe proporcionaram o bem, mas também aos seus inimigos. Isso mesmo, porque eles, com suas implicâncias ou perseguições, o tiram da "zona de conforto", lançando a você o desafio de ser melhor, de se superar e surpreender o mundo com capacidades, às vezes, até desconhecidas por você mesmo.

O sentimento nobre de gratidão a Deus e às pessoas que o rodeiam vai trazer para você tudo aquilo que pode levá-lo à vitória — bons relacionamentos e fantásticas oportunidades —, porque quanto mais você agradece, mais motivos terá para agradecer. Esta é a Lei da Atração atuando em sua vida, momento a momento, infalivelmente.

Portanto, mude já seu padrão de pensamento, limpando de sua mente as ideias de escassez e as queixas que destroem, e substituindo-as por visualizações otimistas de união, prosperidade e alegria.

Pausa para reflexão

Quem dobrou seu paraquedas hoje?

Autor desconhecido

Charles Plumb era piloto de um bombardeiro na Guerra do Vietnã. Depois de muitas missões de combate, seu avião foi derrubado por um míssil. Plumb saltou de paraquedas, foi capturado e passou seis anos numa prisão norte-vietnamita.

Ao retornar aos Estados Unidos, passou a dar palestras relatando sua odisseia e o que aprendera na prisão.

Certo dia, num restaurante, foi saudado por um homem:

— Olá, você é Charles Plumb, era piloto no Vietnã e foi derrubado, não é mesmo?

— Sim, como sabe? — perguntou Plumb.

— Era eu quem dobrava seu paraquedas. Parece que funcionou bem, não é verdade?

Plumb quase se afogou de surpresa e, com muita gratidão, respondeu:
— Claro que funcionou, caso contrário eu não estaria aqui hoje.

Ao ficar sozinho naquela noite, Plumb não conseguia dormir, pensando e perguntando-se: — Quantas vezes vi esse homem no porta-aviões e nunca lhe disse "bom dia"? Eu era um piloto arrogante e ele um simples marinheiro.

Pensou, também, nas horas que o marinheiro passou humildemente no barco enrolando os fios de seda de vários paraquedas, tendo em suas mãos a vida de alguém que não conhecia.

Hoje, quando fala ao público, aquele comandante sempre pergunta ao seu auditório:

— Quem dobrou seu paraquedas hoje?

Todos temos alguém cujo trabalho é importante para que possamos seguir adiante. Precisamos de muitos paraquedas durante o dia: um físico, um emocional, um mental e até um espiritual. Às vezes, nos desafios do dia a dia, perdemos de vista o que é verdadeiramente importante e as pessoas que nos salvam no momento oportuno, sem que lhes tenhamos pedido. Deixamos de saudar, de agradecer, de felicitar alguém, ou ainda simplesmente de dizer algo amável.

Às vezes, as coisas mais importantes da vida dependem apenas de ações simples. Só um telefonema, um sorriso, um agradecimento, um singelo "muito obrigado!"

Você já sabe, então, que a gratidão abre portas para a alegria de viver.
E quem está bem consigo mesmo sabe ser bom com todos.
Veja como... Vamos prosseguir!

48

A Importância da Solidariedade

Uma das virtudes mais engrandecedoras dos seres humanos é a solidariedade, capaz de promover não só a união de seres próximos, mas também, e acima de tudo, a união entre os povos.

Como todas as realizações humanas têm como alicerce a autoestima, importante se torna o cultivo da solidariedade consigo mesmo — que podemos chamar de "autoajuda" — para depois, cheio de confiança e energia, você se solidarizar com o mundo à sua volta. Dessa forma, com certeza, suas ações serão muito mais eficazes, mais convincentes, pois todas as atitudes de autorrespeito e de autoconfiança são exemplos positivos para os que o cercam.

A solidariedade cabe em qualquer situação de nossa vida, nas dores e também nas alegrias, e se observarmos atentamente, a todo instante, novas oportunidades nos são oferecidas para sermos solidários.

Dentro do lar, muitas vezes desprezamos a chance de partilhar as experiências, com o pretexto de falta de tempo ou de excesso de trabalho, o que é lamentável e cria um distanciamento cada vez maior entre os familiares.

Na vida profissional, ser solidário é fundamental para seu próprio sucesso, ao contrário do que pensam os egocêntricos, que, por medo de perder espaço, fecham-se ao compartilhamento de ideias e soluções. Hoje em dia, nas empresas, uma das características mais valorizadas nos colaboradores é a capacidade de criar vínculos dentro das equipes e conseguir desenvolver um ambiente de sinergia — no qual energias unidas em um propósito comum geram resultados surpreendentes.

Ser solidário, enfim, é interessar-se pelo bem do outro na mesma proporção que você deseja que se interessem pelo seu próprio bem.

Guarde isso: um dia você planta, no outro você colhe!

Um teste de solidariedade

Autor desconhecido

Uma vez, em um reino não muito distante daqui, havia um rei que era famoso tanto por sua majestade como por sua fantasia meio excêntrica. Um dia, ele mandou anunciar que daria a maior e mais bela festa de seu reino. Toda a corte e todos os amigos do rei foram convidados.

Todos, vestidos nos mais ricos trajes, chegaram ao palácio, que resplandecia com todas suas luzes. As apresentações transcorreram segundo o protocolo, e os espetáculos começaram: dançarinos de todos os países se sucediam a estranhos jogos e aos divertimentos mais refinados. Tudo, até o mínimo detalhe, era só esplendor.

Entretanto, apesar da primorosa organização da festa, os convidados começaram a perceber que a arte da mesa não estava representada em parte alguma. Não se podia encontrar nada para acalmar a fome que todos sentiam mais duramente à medida que as horas passavam. Pouco a pouco, o mal-estar dos espectadores se transformou numa surda, mas visível contrariedade. Ninguém, no entanto, ousava elevar a voz diante de um rei tão notável.

Finalmente, quando a situação se tornou insustentável e a fome intolerável, o rei convidou seus hóspedes a passar para uma sala especial, onde uma refeição os aguardava.

Todos correram em direção ao delicioso aroma de uma sopa que estava num enorme caldeirão no centro da mesa. Os convidados quiseram servir-se, mas grande foi a surpresa ao descobrirem, no caldeirão, enormes colheres de metal, com mais de um metro de comprimento. E nenhum prato, nenhuma tigela, nenhuma colher de formato mais acessível.

Houve tentativas, mas só provocaram gritos de dor e decepção. Os cabos desmesurados não permitiam que o braço levasse à boca a beberagem suculenta, porque não se podiam segurar as escaldantes colheres, a não ser por uma pequena haste de madeira em suas extremidades. Desesperados, todos tentavam comer, sem resultado.

Até que um dos convidados, mais esperto ou mais faminto, encontrou a solução: segurando a colher pela haste situada em sua extremidade, levou-a à... boca de seu vizinho, que pôde comer à vontade. Todos o imitaram e se saciaram, compreendendo, enfim, que a única forma de alimentar-se, naquele palácio magnífico, era um servindo o outro.

Ainda falando desta ligação benfazeja entre as pessoas, veja como você pode contribuir para construir um mundo mais justo e aprazível...

49

Pare de Reclamar e Comece a Servir

Vemos, todos os dias, inúmeros casos de pessoas com problemas financeiros ou de desavenças familiares, ou doenças, e, muitas delas se deparam com essas dificuldades com um espírito de revolta e mágoa.

Se você tem agido assim, entenda que a força maligna de seus pensamentos negativos atrai para sua vida aquilo que você teme sofrer. Não agrave sua situação, assumindo o papel de vítima, vivendo em lamentações e comparações invejosas em relação àqueles que conseguem crescer.

A vida ganha sentido quando você começa a vivê-la com intensidade, tanto os momentos bons, quanto os "menos bons". Estes não são de todo ruins, porque sempre deixam a semente de um benefício. Enfrente seus problemas com fé e confiança em dias melhores que virão, sim, sobretudo se, apesar de toda sua dor, material ou moral, você souber fazer sua parte para melhorar o mundo em que vive.

É hora de parar de reclamar e começar a servir. A atitude servidora começa no lar, com companheirismo e cooperação nas atividades domésticas, com compreensão e paciência com os parentes mais complicados e a certeza de que ninguém está ao nosso lado por mero acaso.

Tudo na vida tem uma razão de ser e, se você busca a felicidade, comece, o quanto antes, a pensar também nos outros e a compartilhar com eles o que você tem de melhor. Veja que, ao seu redor, há sempre alguém carente de atenção e incentivo. Observe quantas pessoas em situação financeira deplorável precisam de apoio, não só material, mas também moral.

Portanto, dê um basta nas lamentações e desculpas e entre em ação, porque a tão almejada prosperidade é simples consequência na vida de quem se compromete a fazer a diferença, semeando e servindo no bem.

Fazendo a diferença

Autor desconhecido

Dois homens, seriamente doentes, ocupavam o mesmo quarto em um hospital.

Um deles ficava sentado em sua cama, por uma hora, todas as tardes, para conseguir drenar líquido de seus pulmões. Sua cama ficava próxima da única janela existente no quarto.

O outro homem era obrigado a ficar deitado de bruços em sua cama por todo o tempo.

Eles conversavam muito, falando de suas famílias e seus empregos. E, toda tarde, quando o homem da janela sentava-se, ele passava o tempo todo descrevendo ao seu companheiro todas as coisas que podia ver através da janela.

O homem na outra cama começou, todos os dias, a esperar por essa hora em que seu mundo era ampliado e animado pelas descrições do companheiro, que dizia que da janela dava para ver um parque com um lago cristalino. Patos e cisnes navegavam na água, enquanto as crianças navegavam em seus pequenos barcos. Jovens namorados andavam de braços dados no meio das flores, e estas possuíam todas as cores do arco-íris. Grandes e velhas árvores cheias de elegância na paisagem. Quando o homem perto da janela fazia suas descrições, ele o fazia de modo primoroso e delicado, com detalhes, e o outro homem fechava seus olhos e imaginava a cena pitoresca.

Dias e semanas se passaram assim, até que, certo dia, a enfermeira da manhã encontrou o homem da janela morto. Todos se entristeceram muito.

Depois de um tempo, a pedido do outro homem, a enfermeira mudou sua cama para perto da janela.

Vagarosa e pacientemente, ele se apoiou em seu cotovelo para conseguir olhar, pela primeira vez, pela janela. Finalmente ele poderia ver tudo por si mesmo. Ele se esticou ao máximo, lutando contra a dor para poder olhar através da janela e, quando conseguiu fazê-lo, deparou-se com... um muro todo branco.

Ele, então, perguntou à enfermeira o que teria levado seu companheiro a descrever-lhe coisas tão belas, todos os dias, se pela janela só dava para ver um muro branco.

E a enfermeira lhe respondeu que aquele homem era cego e não poderia ver nada, mesmo que quisesse. Talvez ele só estivesse pensando em distraí-lo e alegrá-lo um pouco mais com suas histórias.

Afinal, uma das nossas maiores alegrias é fazer outras pessoas felizes, independentemente de nossa situação atual.

Dando continuidade às nossas reflexões, em busca de melhores relacionamentos, vamos analisar, agora, sobre as escolhas — muitas vezes perigosas — que fazemos durante a vida...

50

Escolhas Sensatas

Ter amigos, para o ser humano, é um fator relevante para sua autoestima e autoconfiança. Entretanto, é preciso saber "separar o joio do trigo", porque o que vemos, dia após dia, são "amigos" que, na realidade, são piores que inimigos.

Eis alguns exemplos: sabe aqueles maridos e pais de família, sentados em uma mesa de bar, regados a garrafas e mais garrafas de cervejas, porque cederam, como sempre, aos convites dos "amigos da onça" para um *happy hour*? Que amigos são esses que estão participando da desagregação da família desses homens? São colegas de vício, isso sim, mas jamais amigos verdadeiros!

Outro exemplo: quando um jovem ou mesmo adulto aceita experimentar as drogas lícitas e as ilícitas, elas lhes são apresentadas por aqueles que eles consideram seus "amigos" ou por aqueles que eles veem como seus desafetos ou inimigos?

Se você observar bem, todos os desregramentos e os caminhos errados são tomados na companhia dos chamados "amigos", que de amigos só têm mesmo o rótulo. Como diz um provérbio chinês, *"As más companhias são como um mercado de peixe; as pessoas acabam por se acostumar ao mau cheiro"*. Como isso é sério!

É preciso muito bom senso na escolha das pessoas com quem você vai compartilhar sua história, porque, infelizmente, as decepções e traições, quando acontecem, são oriundas daqueles relacionamentos para os quais você abriu seu coração e entregou sua confiança.

Portanto, para escolhas mais sensatas e, em consequência, uma vida mais serena, procure ser criterioso em relação àquele que vai ser premiado com sua amizade: pesquise a vida dele desde a infância; observe como ele trata as pessoas (familiares e estranhos) e se ele é sincero (geralmente, o maledicente age com falsidade e, quanto ao hábito da mentira, saiba que é um indício de caráter desonesto).

Com as respostas em mãos, fortaleça sua autoestima e seu senso de valor, praticando o "não!" e o "basta!", quando necessário for, sem culpa e sem medo de desagradar, porque se o outro for um amigo de verdade, ele entenderá e respeitará suas razões.

E daqui para frente pare de amaldiçoar o inimigo ou aquele que fala mal de você, porque ele representa um desafio abençoado em seu caminho, impulsionando-o a buscar o seu melhor, a um crescimento que mostre a ele que você tem valor, sim!

Por isso, em relação aos afetos, todo cuidado: amigo que é amigo de verdade não desencaminha! Pelo contrário, está sempre pronto para encaminhar suas amizades para vivências sadias, prósperas e felizes.

Chegou a hora, então, de você se desapegar de quem não lhe faz bem e aprender, de uma vez por todas, a selecionar suas amizades.

Afinal, quem são seus amigos?

Pausa para reflexão

Insistindo na dor

Lenda da tradição Sufi

Certa vez, um urso faminto perambulava pela floresta em busca de alimento. A época era de escassez. Contudo, seu faro aguçado sentiu o cheiro de comida e o conduziu a um acampamento de caçadores.

Ao chegar lá, o urso, percebendo que o acampamento estava vazio, dirigiu-se para uma grande fogueira, ainda ardendo em brasas, e dela tirou uma enorme tina de comida.

Quando a tina já estava fora da fogueira, o urso a abraçou com toda sua força e enfiou a cabeça dentro dela, devorando a comida.

Enquanto abraçava a tina, começou a perceber algo o atingindo. Na verdade, era o calor da tina que o estava queimando. Ele estava sendo queimado nas patas, no peito e nos locais em que a tina encostava.

O urso nunca havia experimentado aquela sensação e interpretou as queimaduras por seu corpo como alguma coisa que queria lhe tirar a comida.

Então, começou a rugir muito alto. E quanto mais alto rugia, mais apertava a tina quente contra seu imenso corpo. Quanto mais a tina quente o queimava, mais ele a apertava contra seu corpo e mais alto rugia.

Quando os caçadores chegaram ao acampamento, encontraram o urso praticamente sentado, recostado numa árvore próxima à fogueira, segurando a tina de comida. Ele tinha tantas queimaduras que o fizeram grudar na tina, e seu imenso corpo, mesmo morto, ainda mantinha a expressão de parecer rugindo.

Muita gente age na vida como este urso — percebe que há algo errado acontecendo, mas não consegue se desapegar, não tem coragem de mudar e muito menos de dizer "Chega, basta, não quero mais!"

E continuando este tema tão sério sobre o medo de desapegar-se até do que não é bom para você, vamos refletir, agora, sobre relacionamentos destrutivos...

51

Relações Perigosas

Uma das maiores buscas do ser humano é por companhia, por ter alguém para compartilhar seus momentos bons e os menos bons.

O que vemos, nos dias atuais, são pessoas desesperadamente sós, correndo atrás de alguém que lhes complete, como se fossem metades incapazes de se sentir inteiras e vivas. E relacionamentos que se iniciam na base de duas metades que se completam geralmente não duram muito, porque, em pouco tempo, instalam-se as decepções, as cobranças e os consequentes conflitos.

O grande engano da maioria das pessoas é não perceber que elas mesmas têm de ser suas melhores e primeiras companhias. Sim... porque nesta vida podemos, de uma hora para outra, perder tudo, mas jamais perderemos nosso próprio "eu", a nossa essência, que é divina. A única certeza que você tem para a hora de seu adeus a este mundo é de ter como companheiro fiel... você mesmo!

Sabendo disso, nada melhor que reforçar seu amor-próprio, o carinho por sua pessoa, colocando-se em seu devido lugar: no centro do seu mundo. A partir do momento em que você volta sua atenção para si mesmo, você se fortalece, se ilumina, tornando-se carismático e autoconfiante. Você se sente inteiro e começa a atrair para seu convívio alguém também inteiro, um parceiro ou parceira que seja realmente amigo, merecedor de você.

Outro sério problema dos relacionamentos, não só amorosos, mas também familiares, é a falta de percepção em relação aos desequilíbrios emocionais e psicológicos das pessoas envolvidas. Quantas vezes ouvimos casos assustadores de esposa ou marido que "dormiam com o inimigo"?

É lamentável ver mulheres que só depois de muitos anos de casamento percebem que aqueles maridos intransigentes, ciumentos e egoístas não vão mudar só porque elas querem ou porque elas são obedientes e amorosas com eles. E o grande perigo, nestes casos, é quando essas mulheres entendem que ninguém muda ninguém, e começam, elas mesmas, a mudar o rumo de sua vida, e esses maridos, inconformados e muitas vezes comprometidos com problemas mentais ou emocionais, tornam-se agressivos e perigosos. São muitos os parceiros ou parceiras que não sabem e não admitem perder e, quando as relações se tornam perigosas, é hora de tomar uma atitude séria, buscando apoio médico, psicológico e até jurídico, sem adiamentos, que podem ser fatais.

Da mesma forma, é importante ter uma observação bem apurada em relação aos filhos, sejam crianças, jovens ou adultos. Comportamentos estranhos, agressivos, exagerados ou mesmo depressão que persiste devem ser cuidados por profissionais da área comportamental e médica (psicólogos, psicoterapeutas e psiquiatras). Eles vão orientar pais e professores, e até mesmo, em certos casos, indicar medicamentos preciosos para tratamento destes transtornos.

Portanto, fique atento na escolha de seus amigos, companheiros ou parceiros, afetivos ou profissionais. A primeira impressão é importante, mas não diz quase nada!

E lembre-se: sua felicidade nos relacionamentos está diretamente ligada ao grau de respeito e amor que você dedica a si mesmo.

Pausa para reflexão

Para mulheres – sinais de um relacionamento abusivo

Dados extraídos do programa de TV
The Oprah Winfrey Show, em 2006

Sheryl Cates – diretora do atendimento gratuito nos EUA sobre violência doméstica – disse que muitas mulheres têm um relacionamento abusivo e não sabem.

Segundo Cates, há cinco sinais de que você tem um relacionamento abusivo. Eles não são necessariamente sinais violentos, mas podem se tornar indícios de violência.

O primeiro sinal é o ciúme: muita gente pensa que ciúme é demonstração de amor, mas, na verdade, é sinal de possessividade e desconfiança.

O segundo sinal é o comportamento controlador: ele quer saber aonde você vai e com quem, que roupa usa e confere a quilometragem do carro, o seu celular etc.

O terceiro sinal é a agressão verbal: é desfazer de você como pessoa ou algo em você, especialmente do seu peso. Yvette, uma entrevistada neste programa, que foi queimada pelo marido, diz que ele sempre a chamava de "baleia" ou a rebaixava de maneira que ela se sentisse menos que um ser humano.

O quarto sinal é ameaçar machucar você, sua família ou seu bicho de estimação.

O quinto sinal é afastar a vítima dos amigos e da família. Isso é especialmente perigoso, pois o que as mulheres agredidas precisam fazer é conversar com alguém.

A especialista ainda diz o seguinte: — As mulheres não devem se sentir culpadas da violência do homem, mas sim conhecer os sinais de alerta e saber o que fazer para sair de um relacionamento abusivo em segurança.

Agora que você já aprendeu a se fortalecer e a fazer escolhas mais sensatas, veja como viver melhor a dois...

52

Felicidade Conjugal

Embora, hoje em dia, o maior número de comentários seja contra as uniões conjugais, eu acredito que com amor verdadeiro, dedicação, lealdade, companheirismo e respeito à individualidade de cada um é possível viver belíssimos momentos a dois, e, a partir daí, constituir uma família equilibrada e estruturada.

O casal que se une precisa começar a vida a dois com plena consciência de que continuam a ser indivíduos separados, porém vivendo uma vida em comum. Para tanto, deve haver respeito pelos hábitos um do outro, compreensão com as dificuldades naturais de adaptação de cada um e muito carinho para juntos crescerem, tanto no aspecto emocional quanto no material.

Que procurem manter o clima de romantismo do namoro, com flores, bombons, bilhetinhos ousados, telefonemas carinhosos... — "temperos" que garantem o sabor de estar e ser bem casado.

É importante que cada parceiro fortaleça sua autoestima, para não cair na armadilha de "engolir sapos" por medo de desagradar e, pior, temendo o abandono. Quando a pessoa demonstra respeito às próprias opiniões, ela passa uma clara mensagem de autorrespeito. E isso é ótimo, porque ninguém respeita quem não se respeita.

Em caso de discórdia, instituam em sua casa o "caderno do casal", onde, por meio da escrita, cada um vai desabafar aquilo que o está fazendo sofrer e o outro terá de responder por escrito também. Uma boa forma de evitar os estéreis "bate-bocas".

Que cultivem a espiritualidade e a religiosidade, seja em que religião for, mas que coloquem em seus lares um momento diário de oração e reflexão acerca da vida e seus valores. Este detalhe, além de solidificar a união, traz consigo paz de espírito e proteção à família.

Para que a vida a dois seja estimulante e feliz é necessário que o casal aprenda, também, a fazer planos juntos e que, unidos, concretizem seus sonhos.

Como diz Paulo Angelim: *"Os relacionamentos são como duas catracas dentadas, uma girando a outra, em um sincronismo perfeito.*

Pelo fato de as peças estarem com os dentes perfeitamente encaixados, relacionados, a energia de uma é transferida para a outra, fazendo-a girar. Isso só é possível porque as peças estão em contato. Mas, note que se estão em contato, estão em atrito. Na verdade, se algo se movimenta é porque está em atrito com outro corpo ou massa. Se as peças forem feitas de bom material e estiverem bem lubrificadas, elas envelhecem, mas não se desgastam facilmente". Ou seja, o atrito pode gerar movimento ou desgaste, assim como na vida a dois, as pequenas desavenças, se encaradas com maturidade, vão servir para que cada um se ajuste melhor ao ritmo do outro e, com isso, haja crescimento emocional para ambos.

Pausa para reflexão

Remédio para a felicidade a dois

Autor desconhecido

Numa aldeia, nas montanhas da Etiópia, um rapaz e uma moça se apaixonaram e se casaram. Por algum tempo foram perfeitamente felizes, mas, então, os problemas chegaram à casa deles.

Começaram a ver os erros um do outro nas pequenas coisas — ele a acusava de gastar muito no mercado, ela o acusava de estar sempre atrasado. Não se passava um dia sem uma discussão sobre dinheiro, trabalho doméstico ou a respeito de amigos.

Às vezes, ficavam tão bravos que gritavam, berravam impropérios e iam para a cama sem se falar, o que só piorava as coisas.

Depois de alguns meses, a mulher achou que não aguentava mais aquilo e procurou um juiz velho e sábio para pedir o divórcio.

— Por quê? — perguntou o juiz. — Há menos de um ano que se casaram. Não ama seu marido?

— Sim, nós nos amamos, mas as coisas não vão nada bem. Brigamos muito, ele faz coisas que me irritam. Deixa roupas espalhadas pela casa toda, corta as unhas do pé na sala e deixa pelo chão, chega tarde em casa. Sempre que eu quero fazer alguma coisa, ele quer fazer outra. Não podemos viver juntos.

— Entendo — disse o velho juiz. — Talvez eu possa ajudar. Conheço um remédio mágico que vai fazer vocês se darem muito melhor. Se eu lhe der esse remédio, vai parar de pensar em divórcio?

— Claro! Qual é o remédio? Dê-me!

— Calma — disse o juiz. — Para fazer o remédio preciso de um fio da cauda de um grande leão que vive perto do rio. Tem de trazer esse fio para mim.

— Mas como vou conseguir isso? — perguntou a mulher. — O leão vai me matar!

— Nisso não posso ajudar — disse o velho, abanando a cabeça. — Entendo muito de remédios, mas não entendo nada de leões. Você tem de descobrir um meio. Vai tentar?

A jovem esposa refletiu longamente. Amava muito o marido e o remédio iria salvar seu casamento. Resolveu buscar o pelo do leão.

Na manhã seguinte, foi ao rio e se escondeu atrás de uma pedra. Pouco tempo depois, o leão veio beber água. Quando viu suas patas enormes, ela ficou tremendo de medo. O leão abriu a boca, mostrando os dentes afiados, e ela quase desmaiou. Então, o leão deu um rugido e ela saiu correndo para casa.

Mas, na manhã seguinte, voltou ao rio, trazendo um saco de carne fresca. Deixou a carne no capim da margem, a duzentos metros do leão, e ficou escondida atrás da pedra enquanto ele comia.

No dia seguinte, voltou e pôs o pedaço de carne a cem metros do leão; no outro dia, pôs a carne a cinquenta metros do leão e não se escondeu enquanto ele comia.

Assim, a cada dia chegava mais perto do leão, até que um dia chegou tão perto que pôde atirar-lhe a carne na boca.

No outro dia, o leão veio comer em sua mão. Tremia ao ver os dentes enormes rasgando a carne, mas tinha mais amor ao marido do que medo do leão. Muito lentamente, ela se abaixou e arrancou um fio do pelo da cauda da fera.

Voltou correndo ao juiz, gritando, eufórica: — Olhe! Trouxe um pelo do leão!

O velho pegou o fio, examinou atentamente e exclamou: — Foi muita coragem sua! E precisou de muita paciência, não?

— Ah, sim — disse ela. — Agora me dê o remédio para salvar meu casamento!

O velho juiz abanou a cabeça, dizendo: — Não tenho mais nada a lhe dar.

— Mas o senhor prometeu! — exclamou a jovem esposa.

— Então não vê? — perguntou ele com carinho. — Já tem o remédio de que precisa. Você estava decidida a fazer o que fosse preciso, por mais que demorasse, para ter o remédio mágico para seus problemas. Mas mágica não existe. Só existe a sua determinação. Você e seu marido se amam. Se os dois tiverem a paciência, a determinação e a coragem que você demonstrou para trazer esse pelo do leão, então serão muito felizes. Pense nisso.

E a mulher voltou para casa, cheia de novas resoluções.

Depois de refletir tanto sobre relacionamentos amorosos, uma importante mensagem sobre os prejuízos do ciúme — o pior inimigo do amor...

53

Ciúme: Medo de Ficar Só

Falar de relacionamentos amorosos é sempre um desafio... Vivê-los, então... Nem se fale... Conviver é tão complexo que, por diversas vezes, o amor se vê ameaçado diante de aborrecimentos e intrigas.

E um dos piores inimigos do amor é o ciúme, este sentimento devastador que domina a alma de quem é inseguro, levando-o a criar histórias e problemas em que, na maioria dos casos, não há nada de tão sério a considerar.

A pessoa ciumenta geralmente é aquela que cresceu em um ambiente instável ou que carrega em sua história pessoal alguma vivência de abandono, responsável pela crença de que ninguém é confiável.

Entretanto, é preciso diferenciar o ciúme doentio do ciúme normal e aceitável — simples manifestação de zelo e carinho pela pessoa amada.

Nossa reflexão refere-se ao ciúme patológico, típico de pessoas fragilizadas, carentes de autoconfiança e com baixa autoestima. Por medo da solidão, elas se apegam demais ao parceiro, e, nesse apego doentio, tentam anular as vontades do outro e impedi-lo de crescer, seja em que sentido for.

O fantasma do ciúme pode surgir em situações em que um dos parceiros passa a viver na dependência emocional do outro; ou quando um se anula para que sua vida se resuma à vida e às atividades do outro.

O sentimento de ciúme nos relacionamentos amorosos, ou entre irmãos ou mesmo entre profissionais mistura-se muito com a inveja, com o medo do sucesso do outro, ou o medo de "ficar sem..." Contudo, é bom que fique claro que, em qualquer convívio, quanto mais você prende uma pessoa, mais rápido você a perde!

O maior valor de uma união é respeitar a liberdade e a individualidade do outro, e impor, ao mesmo tempo, respeito à sua própria independência. E um relacionamento só é verdadeiramente satisfatório se houver cumplicidade, confiança e honestidade entre as pessoas envolvidas.

Então, se você até hoje foi uma pessoa ciumenta, é hora de dar um basta nessa situação: marque um encontro com você mesmo e decida resgatar sua autoestima e autoconfiança! E guarde bem: a pessoa mais importante da sua vida é... VOCÊ!

Pausa para reflexão

Como fazer um amor durar

Autor desconhecido

Uma senhora e sua filha caminhavam pela praia.

Num certo ponto, a menina perguntou à mãe: — Como se faz para manter um amor?

A mãe olhou para a filha e respondeu: — Pegue um pouco de areia e feche a mão com força...

A menina assim o fez e reparou que quanto mais forte apertava a areia com a mão, com mais velocidade a areia escapava pelos seus dedos.

— Mamãe, mas assim a areia cai!

A mãe lhe disse: — Eu sei... Agora, abra completamente sua mão!

A menina obedeceu, mas veio um vento forte e levou consigo a areia que restava em sua mão...

— Assim também não consigo mantê-la em minha mão — disse a filha.

A mãe, sorrindo, lhe respondeu: — Agora, pegue outra vez um pouco de areia e mantenha sua mão semiaberta, como se fosse uma colher..., bastante fechada para protegê-la, e bastante aberta para lhe dar liberdade!

A menina experimentou e viu que, dessa forma, a areia não escapou de sua mão e estava protegida do vento.

Então, sorridente, sua mãe lhe explicou: — É assim que se faz durar um amor!

Veja, agora, como estabelecer uma convivência familiar mais harmoniosa...

54

Como Conviver Melhor em Família

Em nosso dia a dia somos obrigados a exercer diversos papéis: filho/filha, irmão/irmã, marido/esposa, pai/mãe, tio/tia, primo/prima, amigo/amiga, aluno/aluna, profissional etc. E esta situação nos deixa, por vezes, atordoados.

Há pessoas que são pacientes no ambiente profissional e verdadeiros tiranos dentro do lar ou vice-versa. E quem vive essa incoerência vai se transformando em alguém confuso e amargo.

Se você quer ser bem-sucedido na vida, a receita é: seja uma boa pessoa, onde e com quem estiver!

Comece cuidando de você, de seus sentimentos e emoções e, com a autoestima e autoconfiança reforçadas, você terá forças para apoiar seus familiares mais sensíveis e carentes afetivamente, e maturidade emocional para lidar com os ganhos e as perdas naturais da vida. Com uma vida familiar mais harmoniosa fica mais fácil se sentir entusiasmado para brilhar em seu trabalho.

Em minha experiência profissional, percebo que um dos maiores desafios existenciais está na convivência familiar, em que não só aprendemos a amar e ser amados (às vezes de forma doentia), mas aprendemos, também, os medos, as culpas, as mágoas e as frustrações. Contudo, ninguém pode fugir da realidade nem trocar de família a cada desentendimento. A solução é aprender a lidar melhor com as diferenças e os conflitos.

Vida em família é um tema tão importante e abrangente que daria para escrever um novo livro a respeito. Então, vou resumir, neste capítulo, alguns pré-requisitos para uma boa convivência familiar:

- Conheça-se melhor (suas qualidades e limitações, medos, culpas, mágoas, sonhos);
- Alimente positivamente sua autoimagem e tenha bem definido para você mesmo qual é sua finalidade de vida;

- Vivencie, com naturalidade, seu direito de ser assertivo (dizer "sim" quando for sim e "não" quando preciso, sem culpa);
- Cultive a afetividade sem deixar de lado os limites. Amor tem de ser exigente!
- Estabeleça, em seu lar, a disciplina em relação ao tempo e aos deveres e direitos de cada um;
- Aprenda a se comunicar com eficácia. Um fator de grande peso na vida familiar é a comunicação, porque não adianta apenas que concordem com você sem que haja mudanças de atitude. É preciso que sua mensagem gere resultados. Por isso, vamos refletir mais um pouco sobre esse tema... Saiba que nós, seres humanos, usamos três canais para nos comunicarmos e entender o mundo em que vivemos: o canal visual (quando somos observadores visuais), o canal auditivo (quando os sons são importantes para entendermos o mundo, quando falamos e valorizamos o que ouvimos) e o canal cinestésico (quando valorizamos o contato físico, os toques, gestos, cheiros, sabores e sensações). Usamos, em nossa comunicação, os três canais, mas é normal a tendência a usar mais um do que os outros, principalmente em situações de irritação e estresse.

E, em família, as pessoas que mais brigam entre si são aquelas que usam canais diferentes para entender o mundo e, é claro, com interpretações diferentes das situações, naturalmente os choques acontecem.

Daí a importância de procurar identificar os canais de comunicação mais usados por você e por cada familiar seu, e saber que ser diferente de você não é um defeito dele, é apenas uma característica que ele possui distinta da sua.

A partir dessa conscientização, procure adaptar-se às características de seus familiares e ensinar a eles como se adaptar às suas diferenças. É tão simples, mas sabemos que grandes turbulências em família decorrem desses fatores.

Vamos aos exemplos: Se você é mais auditivo, então gosta de diálogos, de falar, dar conselhos, dar a sua opinião... Mas se seu filho é mais visual, ele não vai apreender o que você falou e falou sem parar... Vai entrar por um ouvido e sair pelo outro... Sabe como fazer para ele gravar melhor seus conselhos, elogios ou críticas necessárias? Escreva bilhetes para ele e depois observe os resultados...

Quanto ao mais auditivo, é bom lembrar que, além de falar, ele gosta de ouvir elogios. E como guarda para sempre tudo o que ouve, as críticas dirigidas a ele devem ser bem dosadas, para que ele não fique remoendo aquilo por toda a vida...

Se você é mais cinestésico, então gosta de conforto, praticidade, roupas e sapatos que o deixem à vontade, e, muitas vezes, você pode ser considerado pelos outros alguém relaxado. Cuidado, porque as pessoas mais visuais vão sempre julgar pelas aparências, e aí você vai perder pontos com elas...

Outro alerta: os mais cinestésicos precisam de abraços, toques e carinhos para se sentir amados, e os mais visuais não se sentem bem com o contato físico, gostam de conversar pouco e seu jeito de aprovar ou desaprovar costuma ser com o olhar. Na vida a dois, é preciso "jogo de cintura" para que o mais visual conviva bem com o mais cinestésico... Senão um passa a ser tachado de frio e o outro de grudento... e aí começam as cobranças e os julgamentos.

E como agradar a cada um deles? Os mais auditivos chamando para uma boa conversa; os mais cinestésicos tocando ao falar, dando bons abraços; e os mais visuais, gostam de apreciar as belezas da vida...

E na escola? Os alunos mais visuais gostam de ler e escrever para aprender, os mais auditivos gravam as falas do professor e devem estudar em voz alta, e os mais cinestésicos conseguem um melhor rendimento escolar quando são colocados para fazer as atividades, e não só ver ou ouvir a matéria.

Este é um assunto vastíssimo, estudado pela PNL (Programação Neurolinguística), e no qual vale a pena se aprofundar.

- E, continuando nossas dicas para conviver melhor em família, uma prática que tem efeito fantástico é conversar com seus familiares mais complicados quando eles estiverem dormindo, mesmo que seja um bebê. Fale o que você não consegue expressar no dia a dia, com todo seu amor e boas intenções, fazendo programações positivas de bons comportamentos, sucesso, bom humor, responsabilidade etc. E, em pouco tempo, você começará a ver as mudanças. Se você muda sua forma de agir, consequentemente, os outros mudam com você.
- Em família é fundamental que você desenvolva uma mente positiva, acreditando no sucesso de todos e programando-os para isso. Aprecio muito o efeito poderoso desta declaração: "Sou grato e feliz porque minha família é maravilhosa!"
- Além disso, cultivar a religiosidade, vivenciando gratidão, fé e caridade, é muito enriquecedor para as relações familiares.
- Seus exemplos são os verdadeiros formadores de opinião de seus filhos. Exemplifique para eles a verdade, a honestidade, a generosidade, o trabalho e a assertividade, ensinando-lhes a

dizer "não" também para os "amigos da onça", para as drogas, o álcool e outros excessos...

- Evite idealizações em relação a seus filhos, porque elas podem gerar neles o medo do fracasso e levar vocês, pais, às frustrações. Deseje, sim, o melhor para eles, mas respeite seu direito de escolha. O importante é liberá-los para ser melhores que você, pai ou mãe, mostrando a eles que esta é uma lei natural da evolução e que, naturalmente, os filhos poderão ser melhores que os pais... Muitas pessoas bloqueiam seu sucesso por medo de ser melhores que seus pais... Entretanto, cuidado com os exageros e as cobranças, que podem levar a resultados opostos aos desejados.
- Para uma convivência saudável em família desenvolva o senso de flexibilidade, porque as mudanças são muito rápidas e, se você não se adaptar, acaba perdendo alguns vínculos com seus filhos, por falta de aceitação. Procure ouvir mais, porque pais e mães, como líderes que são, precisam se interessar pelas opiniões de seus filhos e ouvir seus argumentos. Seja flexível, mas sem perder seu direito de dizer "não" quando for justo e necessário!
- E lembre-se: para viver melhor em família, é preciso deixar o passado no passado (mágoas, culpas e lembranças) e o futuro apenas no plano das ideias, aprendendo a viver no hoje, no aqui e agora, que é realmente o único tempo que existe!

Se você conseguir ser uma boa pessoa para você mesmo e para seus familiares, com certeza absoluta será um bom profissional! O sucesso sempre começa de dentro para fora — dentro de você, dentro de casa, dentro do trabalho, dentro da vida!!!

Pausa para reflexão

Quero ser um televisor

Autor desconhecido

A professora Ana Maria pediu aos alunos que fizessem uma redação contando o que eles gostariam que Deus fizesse por eles.

À noite, corrigindo as redações, ela se deparou com uma que a deixou muito emocionada.

O marido, no momento, acabava de entrar, a viu chorando e perguntou:

— O que aconteceu?

E ela respondeu: — Leia.

Era a redação de um menino: *Senhor, esta noite te peço algo especial; me transforme em um televisor. Quero ocupar o seu lugar. Viver como vive a TV de minha casa. Ter um lugar especial para mim, e reunir minha família ao redor... Ser levado a sério quando falo... Quero ser o centro das atenções e ser escutado sem interrupções nem questionamentos. Quero receber o mesmo cuidado especial que a TV recebe quando não funciona. E ter a companhia do meu pai quando ele chega em casa, mesmo que esteja cansado. E que minha mãe me procure quando estiver sozinha e aborrecida, em vez de me ignorar. E ainda que meus irmãos "briguem" para estar comigo. Quero sentir que a minha família deixa tudo de lado, de vez em quando, para passar alguns momentos comigo. E, por fim, que eu possa divertir a todos. Senhor, não te peço muito... Só quero viver o que vive qualquer televisor!*

Naquele momento, o marido de Ana Maria disse: — Meu Deus, coitado desse menino. Nossa, que coisa esses pais!

E ela olhou mais uma vez para a redação e, com voz melancólica, disse ao marido: — Esta redação, querido, é do nosso filho.

E o que fazer quando os aborrecimentos invadem os nossos relacionamentos mais caros? Veja só...

55

Como Enfrentar os Aborrecimentos

Você já percebeu, em seu dia a dia, quais são as lições advindas dos aborrecimentos inevitáveis? Se não, comece a observar que a vida sempre traz ensinamentos nos mínimos detalhes de nosso cotidiano... E, sabendo que fugir de problemas é uma forma de adiá-los para que voltem mais complicados, o melhor a fazer é encará-los, no início, com maturidade.

O primeiro passo no enfrentamento de suas dificuldades é ter aceitação, porque revoltas e lamúrias só levam ao negativismo e à coleção de novos problemas. É verdade! Aceite-os e comece, então, a reunir os fatos, selecionando as causas e as possíveis soluções. Depois, exerça seu direito de escolha e decida pela melhor solução. E aí, é hora de agir e tomar providências responsáveis, que lhe trarão a certeza de que você fez o melhor que pôde.

Um dos grandes males da Humanidade é a falta de habilidade em lidar com as pessoas, principalmente os familiares. Os jovens de hoje, em sua impetuosidade e vontade de se libertar mais cedo, já não ouvem mais seus pais e, grande parte deles se frustra quando, mais tarde, descobrem que a família que rejeitaram sempre foi e será seu esteio, seu alicerce. Vejo, hoje, muitos pais aflitos por não conseguirem exercer seu compromisso sagrado de educar seus filhos para uma vida melhor. Os filhos, por sua vez, cada vez mais ingratos e cobradores, julgando-se o centro do Universo, cheios dos seus direitos e ignorantes dos seus deveres... É realmente muito triste...

No entanto, como eu sempre digo, se você, pai ou mãe, está passando por esses problemas, lembre-se de que até os mais angustiantes momentos sempre trazem uma lição e nos fazem crescer como seres humanos. Aprenda a não idealizar seus filhos, planejando por eles o futuro. A idealização é uma fonte de frustrações, tanto para os pais quanto para os filhos, que, na maioria dos casos, não conseguem corresponder às expectativas da família.

Eu acredito que o maior desejo que você deve ter para seus filhos é que sejam saudáveis, honestos e trabalhadores, e, consequentemente, felizes. E, se ainda não colocam em prática os valores que você lhes ensinou, tenha paciência e espere, exemplificando o melhor para eles, em todas as oportunidades.

Entenda que alguns filhos são como pedras. Para acordá-los para a vida, precisam das "dinamites", dos tombos, das decepções, às vezes doenças ou sustos. Mas, cedo ou tarde, todos despertarão!

E, finalizando, lembre-se: Seu filho não é você, portanto, pare de se aborrecer e se envergonhar pelos erros dele. Um dia, para amadurecer, ele terá de enfrentar as consequências de seus atos e você, pai ou mãe, estará, amorosamente, ao seu lado para apoiá-lo, mas não para sofrer por ele.

Pausa para reflexão

Como faço para não me aborrecer?

Autor desconhecido

— Mestre, como faço para não me aborrecer? Algumas pessoas falam demais, outras são ignorantes. Algumas são indiferentes. Sinto raiva das que são mentirosas. Sofro com as que caluniam.

— Pois viva como as flores — advertiu o mestre.

— Como é viver como as flores? — perguntou o discípulo.

— Repare nestas flores — continuou o mestre, apontando os lírios que cresciam no jardim. — Elas nascem no esterco, entretanto, são puras e perfumadas. Extraem do adubo malcheiroso tudo o que lhes é útil e saudável, mas não permitem que o azedume da terra manche o frescor de suas pétalas. É justo angustiar-se com as próprias culpas, mas não é sábio permitir que os vícios dos outros o importunem. Os defeitos deles são deles, e não seus. Se não são seus, não há razão para aborrecimentos. Exercitar, pois, a virtude é rejeitar todo mal que vem de fora. Isso é viver como as flores! E não corra atrás das borboletas, cuide do seu jardim e elas virão até você!

É isso aí: se você quer ter relacionamentos felizes, fixe seus pensamentos nas qualidades de seus familiares, companheiros de trabalho, amigos ou funcionários. Oriente sua mente para a melhor parte de cada um e, assim, deixe que estas vibrações positivas atraiam para você o que cada um deles tem de melhor.

Falemos, agora, sobre ser mãe e ser pai neste mundo tão turbulento em que vivemos...

56

Mães Especiais

Depois que você se torna mãe, quer por meios naturais ou por adoção, todos os dias de sua vida, sem exceção, são dias das mães. Você, que é mãe, sabe do que estou falando... Você pode até tirar férias de seus filhos, mas seus pensamentos jamais se desligam daqueles que estão amarrados eternamente ao seu coração.

Então, escrevo para todas as mães especiais que, carinhosa e infatigavelmente, fazem o melhor pelo sucesso e alegria de seus filhos.

Mães especiais são assim: enviadas pelo Pai Maior para encaminharem seus filhos para o bem, sabendo que, antes de tudo, eles são filhos Dele — de Deus.

Vou abordar aqui alguns pontos que procuro praticar e que considero de extrema importância para a sublime missão de ser mãe:

- Autoestima: reforce sua autoestima aprendendo a separar seus papéis de mulher, esposa (caso seja casada) e mãe. Seja mais vaidosa, cuidando melhor de seu lado mulher e dê a você mesma tempo para namorar e ser feliz a dois, também. Assim, você será uma mãe mais realizada e bem-humorada;
- A importância dos exemplos: seus filhos são grandes observadores de suas atitudes. Então, não serão suas palavras que vão educá-los para o mundo, e sim suas ações. As crianças aprendem o que vivenciam;
- Cuidado com a culpa: aprenda a falar "não", quando necessário, sem se culpar por isso. Só assim, com seu exemplo, dizendo "não" na hora certa, seus filhos aprenderão a dizer "não" para as drogas, o álcool e tudo o que pode levá-los à infelicidade;
- Limites e assertividade ("sim, sim", "não, não") fazem parte da boa formação de seus filhos para enfrentarem o mundo, pois este — o mundo — não alisa a cabeça de ninguém e está cheio de "nãos" para todos;
- Cuidado com as idealizações: pare de sonhar pelos seus filhos. Deixe-os escolher seus caminhos profissionais e deixe de impor a

eles os seus desejos. Deseje, sim, que sejam saudáveis, honestos e trabalhadores. No mais, deixe que eles sejam eles mesmos, porque não podemos mudar ninguém neste mundo, a não ser nós mesmos;

- Existem filhos e Filhos: não dá para tratar todos de forma igual; e filhos, principalmente na adolescência, sempre vão achar que os pais ainda fazem pouco por eles. Portanto, não se decepcione nem se submeta às chantagens deles; um dia, quando forem pais também, eles enxergarão seu valor;
- Cuidado com as comparações: seus filhos são diferentes e devem ser tratados de acordo com o que merecem, porém, jamais diga que gosta mais de um que do outro, porque isso destrói qualquer possibilidade de um bom relacionamento dentro de casa. Você pode até dizer que gosta mais do COMPORTAMENTO de um deles, mas gosta igual das PESSOAS dos filhos;
- Aprenda a enxergar as falhas morais de seus filhos ou os desequilíbrios psicológicos e tome providências. Mantenha seus olhos bem abertos para que as melhores soluções sejam encontradas;
- Cuidado com as chantagens emocionais dos seus filhos: lembre-se de que você é a mãe e guia de seu filho, e ele lhe deve obrigações e respeito, sempre;
- Incentive a religiosidade em seus filhos o mais cedo possível, enfatizando o poder da fé e da generosidade no caminho da felicidade e do sucesso;
- Se você tem sua família estruturada, com seu marido participando da educação dos seus filhos, é fundamental que eles percebam esta ordem de importância: primeiro você, depois seu marido e, logo após, os filhos, porque, se não fossem você e seu marido, seus filhos não existiriam;
- Demonstre zelo por seus filhos, porém, sem excessos;
- Prepare as crianças para uma adolescência alegre (nada de chamar seu filho adolescente de "aborrescente");
- Não adianta reclamar de cansaço, se você não descansa nem dá oportunidade aos filhos de colaborar dentro do lar. Pare de ser a vítima e heroína do mundo, porque ninguém dá valor a isso e você acaba se ressentindo;
- O importante é ser heroína de sua história, de sua vida, não permitindo manipulações e exercendo seu direito de ser assertiva;
- Ensine seus filhos a assumir as responsabilidades por seus atos e procure criar regras para a vida no lar, incluindo os deveres dos filhos, e cobre isso deles;

- Elogios são muito importantes: elogie seus filhos em público e, quando tiver críticas a fazer, não os critique, e sim o comportamento errado deles, e sempre em particular;
- O diálogo é muito importante, mas quando não for possível, escreva bilhetes para seus filhos;
- Elimine do seu sistema de crenças o conceito "Ser mãe é padecer no paraíso". Isso é pessimismo e, pela Lei da Atração, acabará atraindo para você uma realidade de sofrimentos e dificuldades no relacionamento com seus filhos.

E, finalizando, envio minhas vibrações positivas a todas as mães de filhos ausentes, lembrando que vocês jamais deixarão de ser mães; portanto, que transfiram este amor represado dentro de vocês para as crianças ou idosos carentes de afeto.

Sempre há alguém neste mundo precisando de uma mãe amorosa, e a missão de mãe não acaba nunca!

Pausa para reflexão

Mães "malvadas"

Médico psiquiatra Dr. Carlos Hecktheuer

Meus filhos, um dia, quando vocês forem crescidos o suficiente para entender a lógica que motiva os pais e as mães, eu hei de lhes dizer: — Eu os amei o suficiente para ter perguntado: "aonde vão, com quem vão e a que horas regressarão".

Eu os amei o suficiente para não ter ficado em silêncio e fazer com que vocês soubessem que aquele novo amigo não era boa companhia.

Eu os amei o suficiente para fazê-los pagar as balas que tiraram da mercearia e os fazer dizer ao dono: "nós roubamos isto ontem e queríamos pagar".

Eu os amei o suficiente para ter ficado em pé junto de vocês por uma hora, enquanto limpavam o seu quarto; tarefa que eu teria realizado em quinze minutos.

Eu os amei o suficiente para deixá-los ver, além do amor que eu sentia por vocês, o desapontamento e também as lágrimas nos meus olhos.

Eu os amei o suficiente para deixá-los assumir a responsabilidade das suas ações, mesmo quando as consequências eram tão duras que me partiam o coração.

Mais do que tudo, eu os amei o suficiente para lhes dizer "não", quando eu sabia que vocês poderiam me odiar por isso. Essas eram as mais difíceis batalhas de todas.

Estou contente, venci... porque, no final, vocês venceram também!

E, qualquer dia, quando meus netos forem crescidos o suficiente para entender a lógica que motiva os pais e as mães, meus filhos vão lhes dizer, quando eles lhes perguntarem se a sua mãe era má: "Sim... Nossa mãe era má. Era a mãe mais má do mundo".

As outras crianças comiam doces no café da manhã e nós tínhamos de comer pão, queijo, leite. As outras crianças bebiam refrigerante, comiam batatas fritas e sorvete no almoço, e nós tínhamos de comer arroz, feijão, carne, legumes e frutas. Ela nos obrigava a jantar à mesa, bem diferente das outras mães, que deixavam os filhos comer vendo televisão.

Ela insistia em saber onde estávamos a toda hora. Era quase uma prisão. Mamãe tinha de saber quem eram os nossos amigos e o que fazíamos com eles. Insistia em que lhe disséssemos quando íamos sair, mesmo que fôssemos demorar só uma hora ou menos.

Tínhamos vergonha de admitir, mas ela violou as leis de trabalho infantil. Nós tínhamos de lavar a louça, fazer as camas, lavar a roupa, aprender a cozinhar, aspirar o pó do chão, esvaziar o lixo e todo o tipo de trabalho cruel. Eu acho que ela nem dormia à noite, pensando em coisas para nos mandar fazer.

Ela insistia sempre conosco para lhe dizer a verdade, e apenas a verdade. E quando éramos adolescentes, ela até conseguia ler os nossos pensamentos.

A nossa vida era mesmo chata. Ela não deixava os nossos amigos tocar a buzina para que saíssemos. Tinham de subir, bater na porta para ela os conhecer. Enquanto todos podiam sair à noite com 12, 13 anos, nós tivemos de esperar pelos 16.

Nossos amigos dirigiam o carro dos pais mesmo sem ter habilitação, mas nós tivemos de esperar os 18 anos para aprender, como pede a lei.

Por causa da nossa mãe, perdemos muitas experiências da adolescência... Nenhum de nós esteve envolvido em roubos, atos de vandalismo, violação de propriedade, nem fomos presos por nenhum crime. Foi tudo por causa dela!

Agora já saímos de casa. Somos adultos, honestos e educados, e estamos fazendo o possível para ser, também, «pais maus», tal como a nossa mãe.

Este é um dos males do mundo de hoje: não há suficientes mães más como a nossa mãe o foi..."

Agora, uma homenagem aos pais, muitas vezes angustiados com as cobranças da vida familiar...

57

A Arte de Ser um Bom Pai

A paternidade responsável é uma abençoada missão que os homens de bem abraçam na vida.

Convido o leitor para analisarmos juntos os diferentes perfis de pais — pai ausente, pai rígido, pai herói, pai amigo, pai... Que bom seria se todos pudessem falar de pai com boas lembranças, como felizmente é o meu caso, mas, muita gente ainda carrega mágoas profundas da falta de um pai amoroso e verdadeiramente presente.

Para uma reflexão mais detalhada sobre os pais, eu os dividi de acordo com alguns perfis:

- **Pai ausente**: existe o pai ausente que é ausente mesmo, ou por motivo de morte ou por abandono (e ambos geram nos filhos certa mágoa pelo vazio que deixam), como há o pai presente de "corpo" e totalmente "ausente de alma". Por outro lado, existe aquele pai que não vive com o filho, mas que mantém seus vínculos afetivos com ele, por meio de cartas, telefonemas, e-mails, fazendo com que a criança se sinta mais segura e equilibrada.
- **Pai rígido**: é aquele pai que pauta suas atitudes no autoritarismo, que não se atualiza, não aceita opiniões e tenta impor aos filhos modelos antigos de educação — *"No meu tempo..."* Não sabe escutar, muito menos dialogar. Para os filhos, ter um pai rígido não é uma experiência positiva, porque eles acabam aprendendo a ter dois tipos de comportamento — um na frente do pai e outro quando se sentem à vontade. É um tipo de educação em que o pai rígido tenta impor respeito, mas só consegue impor o medo, porque longe dele, seus filhos costumam desrespeitá-lo e desobedecer-lhe.
- **Pai "herói"**: felizmente, é um perfil de pai em extinção, porque sabemos o quanto é sofrido para um pai ter de ser o eterno herói para seus filhos. O pai "herói" é aquele que procura manter a

aparência de que é forte e capaz de suportar todas as asperezas da vida, passando aos filhos uma falsa imagem da realidade, que acaba por se desfazer, gerando decepção nos filhos quando estes entram na adolescência. Para os filhos, não é apropriado ser criados por um pai "herói", porque crescem com uma visão distorcida de que "homem não chora", "homem não tem medo de nada", "homem tem de ser forte". Esta postura, do pai "herói", além de nao ser saudável para os pais, é um péssimo exemplo para os filhos. Que você, pai, fuja dessa postura de herói de todos e seja, simplesmente, o protagonista e herói de sua própria história!

- **Pai amigo**: este é o pai moderno, companheiro, presente, interessado pela vida dos filhos, que sabe o momento certo de escutar e o de falar. O pai amigo mantém sua autoridade e o respeito por meio do diálogo sincero, da atenção carinhosa, do afeto bem dosado. O único cuidado é que não deve deixar de lado a hierarquia, dizendo ao filho que são iguais. Não são iguais, e o seu posicionamento de líder é que vai fornecer a segurança emocional de que seu filho necessita e merece.

E lembre-se: estudos comprovaram que quem vive em permanente desequilíbrio financeiro é porque carrega muitas mágoas de seus pais (pai ou mãe) ou daqueles ligados à sua criação. Então, pai leitor, mesmo que você não tenha sido um filho feliz, para sua própria prosperidade financeira, para sua leveza de alma e para que seja um pai melhor, perdoe seus pais!

Pausa para reflexão

Carta de reconhecimento a um pai

Autor desconhecido

Meu pai, quando eu tinha 7 anos, você era meu herói, sabia tudo. Quando eu tinha 12 anos, você sabia algumas coisas. Quando eu tinha 17 anos, você precisava reciclar, evoluir um pouco. Quando eu tinha 22 anos, você não tinha nada a ver comigo, não me entendia. Quando eu tinha 26 anos, você não estava com nada, estava completamente "por fora". Aos 35 anos, verifiquei que você tinha razão em algumas coisas. Aos 45 anos, notei que você conhecia bem a vida. Aos 55 anos, percebi que durante sua vida, você havia me ensinado muitas coisas. Aos 70 anos, descobri que você, meu pai, era um sábio!

Que pena ter descoberto isto tão tarde! Eu poderia ter vivido bem melhor se o tivesse entendido e compreendido bem antes.

Talvez eu consiga ensinar isso para meus filhos e netos!

Quantos anos perdemos em nossa vida criticando ou desprezando as preocupações de nossos pais, suas cobranças e exigências... Muitos de nós só aprendemos a valorizar a dádiva de ter os pais vivos depois que nos tornamos pais e mães, porque aí percebemos quanta sabedoria ainda não temos e precisamos adquirir, e o quanto seus conselhos são preciosos.

E, prosseguindo nesta viagem pelos seus relacionamentos, alguns felizes, outros menos felizes, falemos dos efeitos da ingratidão...

58

O Peso da Ingratidão

Você já percebeu como a ingratidão dos outros para conosco pode nos perturbar? Sabe por que nos sentimos assim? Porque ainda não sabemos amar incondicionalmente, doar sem esperar nada em troca, viver sem cobrar reconhecimento. E é por isso que sofremos quando somos golpeados pela ingratidão alheia.

Caso este seja um problema que o atormenta, relaxe!!! Se sua consciência está tranquila, lembre-se de que, na verdade, este é um enorme problema para o ingrato, isso sim!!! Ele é que terá de arcar com as consequências de sua falta de gratidão, porque a ingratidão é o sentimento que mais rejeita a prosperidade.

É importante que pais e educadores tomem consciência de seu padrão de comportamento em relação à gratidão, mesmo nos pequenos atos. As crianças são exímias observadoras e a conduta dos adultos é que lhes modela o caráter. E depois talvez seja tarde para reivindicar reconhecimento daqueles que vivenciaram, durante a vida, a ingratidão.

Portanto, observe suas atitudes, sabendo que você é exemplo não só para seus filhos, mas para todos aqueles que compartilham de sua convivência.

Ser naturalmente grato é uma poderosa semente de prosperidade e felicidade. Que tal, então, intensificar seu plantio? Afinal, a vida é um eterno plantar e colher!

Pausa para reflexão

Palavras convencem; exemplos arrastam

Autor desconhecido

Um frágil e velho homem, ao se tornar viúvo, foi viver com o filho, a nora e o netinho de quatro anos.

O casal, ao ver que o vovô, já muito trêmulo, não conseguia comer à mesa sem que derrubasse os alimentos, tomou a triste iniciativa de colocá-lo em uma mesa isolada, no canto da sala.

Além disso, para que não quebrasse mais nenhum prato, a nora passou a servir suas refeições em uma tigela de madeira.

E o netinho só observando, em silêncio... Até que, certa noite, o pai do menino chegou mais cedo e viu o filho brincando no chão com sucatas de madeira.

Ao questionar sobre o que ele estava fazendo, a criança simplesmente respondeu: — Oh, papai, eu estou fabricando uma pequena tigela para você e mamãe comerem sua comida quando eu crescer.

As palavras do menino surtiram o efeito de um grande choque em seus pais, que, estarrecidos, emudeceram.

Então, depois de muita reflexão, naquela noite, o marido pegou a mão de seu pai e com suavidade o conduziu para a mesa familiar.

Pelo resto de seus dias de vida, o velho avô comeu sempre com a família, que aprendera uma importante lição com uma pequenina criança de apenas quatro anos.

Sabendo da força dos exemplos para a educação de nossas crianças e jovens, prossigamos este passeio, com um breve recado aos jovens — esperança de um futuro mais justo e próspero...

59

Recado para a Juventude

Jovem querido, é chegada a hora de você acordar para a vida!

Entendo o quanto é desafiante deixar para trás os mimos e regalias da infância e entrar para o universo adulto, de responsabilidade pelas decisões tomadas. Contudo, este é um processo natural e necessário para que a evolução se faça. É o momento em que o peso de suas escolhas erradas começa a incomodar; é a hora em que você terá de assumir suas próprias atitudes. E isso o amedronta, não é?

Mas há um caminho bem mais feliz para se viver esta fase de sua vida: é saber ouvir os "mais velhos", a experiência dos adultos que realmente se importam com você. Sempre poderá haver ao seu lado pessoas amorosas que o aconselham, que se preocupam com sua felicidade e que, quando negam seus pedidos insistentes, é porque ainda não confiam em sua maturidade e querem preservá-lo do sofrimento e das decepções.

Que você, jovem hoje, amanhã um adulto e depois de amanhã um idoso, tenha mais paciência e compreensão com os familiares na construção de um convívio mais pacífico. Eu sei como a rebeldia do dia a dia faz parte do seu processo de independência, porém, lhe peço que evite comportamentos que possam gerar em você, mais tarde, sentimentos de culpa, levando-o à necessidade de autopunição e bloqueando sua felicidade.

Neste mundo em constante e rápido desenvolvimento, você, jovem, precisa se conscientizar de sua importância. E um aspecto que quero que você comece a observar é o seguinte: para que haja evolução em nosso Planeta, é fundamental que cada nova geração seja melhor que a geração anterior, ou seja, você não precisa se sentir culpado por perceber que tem capacidade de ser melhor que seus pais. Você pode e, na medida do possível, deve ser melhor que seus pais, em todos os aspectos da vida — emocional, financeiro, espiritual, físico, profissional etc. Este é um compromisso consigo mesmo. O Universo espera isso de você! Mas cuidado para que a vaidade e a arrogância não estraguem seus relacionamentos. Cresça, seja bem-sucedido, porém simples e generoso, sempre.

E se os seus pais são tão bons, amorosos, honestos, prósperos e trabalhadores que você acha impossível superá-los em suas qualidades, eu lhe afirmo: este é um desafio que você deve enfrentar com alegria, porque se você já tem exemplos positivos no lar, que bênção! Você já possui, em sua criação, todos os recursos de que precisa para caminhar sozinho, ser bem-sucedido na vida e fazer deste mundo um lugar melhor para se viver.

Querido jovem, guarde isto: o verdadeiro sentido da vida está em buscar sua felicidade fazendo os outros felizes. Não é possível ser feliz passando por cima da felicidade dos outros.

Portanto, procure evitar e combater as culpas dentro de si, cultivando atitudes dignas e responsáveis de quem faz parte da história da Humanidade.

Você é muito importante para o Universo! Você é parte do Universo e, por isso, é especial! Perdoe-se pelos erros vividos e vida nova para você! Muita paz em seu coração!

Pausa para reflexão

Conselhos de Bill Gates

Aqui estão alguns conselhos que Bill Gates (fundador da Microsoft e dono da maior fortuna pessoal do mundo) ditou numa conferência em uma escola secundária sobre onze regras que os estudantes não aprenderiam na escola. Ele fala sobre como a "política educacional de vida fácil para as crianças" tem criado uma geração sem conceito da realidade, e como esta política tem levado as pessoas a falhar em sua vida posterior à escola.

REGRA 1: A vida não é fácil; acostume-se com isso.

REGRA 2: O mundo não está preocupado com sua autoestima. O mundo espera que você faça alguma coisa útil por ele antes de se sentir bem com você mesmo.

REGRA 3: Você não ganhará 10 mil dólares por mês assim que sair da escola. Você não será vice-presidente de uma empresa com carro e telefone à disposição antes que tenha conseguido comprar seu próprio carro e telefone.

REGRA 4: Se você acha seu professor rude, espere até ter um chefe. Ele não terá pena de você.

REGRA 5: Vender jornal velho ou trabalhar durante as férias não está abaixo da sua posição social. Seus avós têm uma palavra diferente para isso: eles chamam de oportunidade.

REGRA 6: Se você fracassar, não é culpa de seus pais. Então não lamente seus erros, aprenda com eles.

REGRA 7: Antes de você nascer, seus pais não eram tão críticos como agora. Eles só ficaram assim por pagar suas contas, lavar suas roupas e ouvir você dizer que eles são "ridículos". Então, antes de salvar o Planeta para a próxima geração, querendo consertar os erros da geração dos seus pais, tente limpar seu próprio quarto.

REGRA 8: Sua escola pode ter eliminado a distinção entre vencedores e perdedores, mas a vida não é assim. Em algumas escolas você não repete mais de ano e tem quantas chances precisar até acertar. Isto não se parece com absolutamente nada na vida real. Se pisar na bola, está despedido... Rua! Faça certo da primeira vez!

REGRA 9: A vida não é dividida em semestres. Você não terá sempre os verões livres e é pouco provável que outros empregados o ajudem a cumprir suas tarefas no fim de cada período.

REGRA 10: Televisão não é vida real. Na vida real, as pessoas têm de deixar o barzinho ou boate e ir trabalhar.

REGRA 11: Seja legal com os CDFs (aqueles estudantes que os demais julgam que são uns bobos). Existe uma grande probabilidade de você vir a trabalhar para um deles!

Encerrando esta etapa de nossa viagem — relacionamentos felizes — vamos refletir sobre a atenção que devemos ter com nossas crianças e jovens, para que criemos cidadãos de bem, generosos e sensatos...

60

De Olhos Abertos

É imensa a ansiedade dos pais modernos quanto à melhor forma de criar seus filhos, porque sabem que segurá-los em casa, em uma redoma de vidro, não é saudável, mas soltá-los pelo mundo não é seguro. O que fazer, então?

O mais preocupante na formação dos filhos é o sentimento de impunidade que paira no ar, com tantos crimes escabrosos sem a devida punição da Justiça, muitas vezes omissa e irresponsável. Isso tem confundido muito nossas crianças e jovens, que passam a acreditar que para tudo se dá um "jeitinho".

Nós, pais e educadores, temos uma tarefa abençoada: encaminhar essa nova geração para a paz, a ética e a justiça. E, neste caminho, devemos ser muito claros com nossas crianças e jovens, promovendo neles um despertar crítico para todas as notícias a que assistem, no sentido de questionarem se a vida é assim mesmo e quais as consequências dos atos impensados e sem punição que presenciam no dia a dia.

Sabemos que existem muitas pessoas desequilibradas psicologicamente fazendo o que podem para ser notadas, e é muito perigoso lidar com elas, já que se sentem incentivadas pelo destaque que a mídia oferece aos criminosos, além das brechas que a Justiça apresenta. Crianças e jovens criados sem o devido apoio da família podem entender que essa é uma forma de chamar a atenção e, assim, começam a valorizar tais atos insanos até que, de uma hora para outra, já estão no mundo do crime e da contravenção.

Se for inviável controlar tudo o que seus filhos acompanham pela TV, então procure, sempre que possível, estar ao lado deles para comentarem juntos as notícias, o que é certo e errado, e tirar lições das programações. Por exemplo, dias atrás, vi com minhas filhas, na TV, uma mulher ameaçada de morte pelo ex-marido que dizia algo muito importante. Ela chegou à conclusão que quando uma pessoa se apaixona por alguém, a primeira providência a tomar, antes de se envolver, é ir à polícia e ver se há antecedentes criminais daquela criatura. Isso é muito sério e verdadeiro! São inúmeros os casos de parceiros que se casam enganados, e outros na vã ilusão de que após o casamento tudo muda... E, mais tarde, desvencilhar-se de uma pessoa neurótica ou mentalmente doente é um árduo processo, até porque a nossa lei apresenta, ainda, muitos pontos insensatos, como este, citado pelo escritor Affonso Romano de Sant'Anna: *"Réu primário é como se estivesse dizendo que todo mundo tem direito de matar alguém, inconsequentemente, uma vez. Só depois é que se torna criminoso".*

Para que tragédias sejam evitadas, é necessário que familiares, pais ou responsáveis de crianças e jovens tomem consciência dos perigos causados por transtornos mentais não tratados, e assumam a responsabilidade de resolver seus problemas assim que surgirem. A tendência é a negação, é ficar dizendo *"isso é da idade...", "isso é fase...", "todo jovem é impulsivo mesmo..."* É importante aceitar que distúrbios de comportamento requerem tratamento médico e psicológico e, de olhos bem abertos, sem preconceitos, buscar apoio profissional, o mais rápido possível. Entendam, de uma vez por todas, que psiquiatra não é médico de loucos, e sim, de qualidade de vida!

Quanto à mídia, cabe um enfoque mais sério em relação a esses eventos negativos, porque ficar repetindo cenas com os personagens criminosos é um incentivo subliminar, sutil, para que pessoas desequilibradas façam o mesmo, a fim de conseguir seus "minutos de fama". Este é um perigo ao qual a sociedade precisa estar alerta e cobrar mais comprometimento com o bem dos meios de comunicação.

E mais, ser positivo não é ser conivente com o erro, não é ter aceitação passiva de tudo o que se vê acontecer... Ser positivo é ter atitude, pacífica sim, mas consciente, justa e sensata.

Pausa para reflexão

Cuidado... Assim você vai criar um filho delinquente

Autor desconhecido

Comece na infância a dar ao seu filho tudo o que ele quer. Assim, quando crescer, ele vai acreditar que todos têm a obrigação de lhe dar tudo o que deseja.

Quando ele disser palavrões, ache graça. Isso o fará considerar-se interessante.

Nunca lhe dê nenhuma orientação religiosa. Espere até que ele chegue aos 21 anos e "decida por si mesmo".

Apanhe tudo o que ele deixar jogado: livros, sapatos, roupas. Faça tudo para ele, para que aprenda a jogar sobre os outros toda a responsabilidade.

Discuta com frequência na presença dele. Assim, não ficará muito chocado quando o lar se desfizer mais tarde.

Dê-lhe todo o dinheiro que ele quiser. Nunca o deixe ganhar seu próprio dinheiro. Por que ele tem de passar pelas mesmas dificuldades pelas quais você passou?

Satisfaça todos os seus desejos de comida, bebida e conforto. Negar pode acarretar frustrações prejudiciais.

Tome partido dele contra vizinhos, professores, policiais (afinal, todos têm má vontade com seu filho...)

Quando ele se meter em alguma encrenca séria, dê esta desculpa: *"Nunca consegui dominá-lo"*.

E, assim, prepare-se para uma vida de desgosto. É o seu merecido destino!

Enfim, depois de aprender os caminhos para relacionamentos mais saudáveis e felizes, chegou a hora de viajarmos pela sua vida profissional...

Parte V

Vida Profissional

Agora, conhecendo-se melhor, amando-se e apreciando-se mais, e sabendo se relacionar melhor, chegou a hora de investir seu tempo em aprimorar sua vida profissional. Afinal, estar bem na profissão também garante maior qualidade de vida, mais alegria e satisfação em seu cotidiano.

61

Aprenda a Gostar do que Faz

Como é triste ver tanta gente trabalhando com o que não gosta e sentindo-se infeliz profissionalmente! Esta é uma situação complicada para quem a sofre, porque o trabalho é algo indispensável na vida de quase todos nós e — acredito eu — até na vida de quem não precisa trabalhar.

Muitas vezes me pego reclamando da escravidão das horas, do quanto preciso estar atenta ao relógio, aos compromissos... Mas, se não fossem estes mesmos compromissos, que graça teria minha vida? Com certeza eu acordaria para almoçar e, depois do almoço, deitaria de novo para descansar... Mais à noite, cansada da cama, passaria para o sofá da sala e, assim, dia após dia, iria vivendo por viver, sem foco, sem metas, sem direção. Isso definitivamente não é vida!!!

Então, se você olhar por esse prisma, mesmo que hoje seu trabalho não seja aquilo que você sonhou em fazer, pelo menos é um trabalho, é uma ocupação que não só melhora sua vida material, mas, principalmente, sua vida emocional. Faz com que você se sinta útil, atuante, vivo! E mais: ter um trabalho, remunerado ou não, o deixa mais protegido dos pensamentos depressivos.

Saiba que para ser bem-sucedido na vida você precisa do esforço, da determinação e da persistência, mas principalmente de um trabalho que você aprecie. Então, você tem duas opções a esse respeito: fazer o gosta ou aprender a gostar do que faz! Ainda hoje, poucos conseguem trabalhar naquilo que gostam, mas são muitos os que estão aprendendo a gostar do trabalho que fazem, porque sabem que tudo passa e que toda e qualquer experiência vivida, mais dia, menos dia, terá sua utilidade em realizações futuras.

Valorize-se mais dando importância a seu trabalho atual, despertando em si mesmo o bom ânimo, a boa vontade, o entusiasmo e a esperança em dias mais prósperos. Além disso, prepare-se para melhores oportunidades, procurando novos aprendizados, leituras e cursos variados. Hoje, com a globalização, na área profissional, a informação vale mais que a experiência.

Tenha paciência e jamais maldiga seu trabalho! Pelo contrário: em suas preces, coloque, em primeiro lugar, a gratidão pela oportunidade de trabalhar, e ore por seu patrão. Tudo o que tiver de fazer, faça bem-feito, sempre! E, quando puder, faça mais do que aquilo que é pago para fazer, sem esperar reconhecimento de seus superiores ou colegas. Infelizmente, ainda são poucas as pessoas que entendem que quanto mais reconhecem o valor do outro, mais valorizadas se tornam.

Portanto, pare de terceirizar a motivação que você precisa para ser feliz. Na construção de sua felicidade, a responsabilidade é toda sua!

Guarde bem: a única motivação que faz a vida acontecer e a roda da prosperidade girar é a automotivação, aquela que vem do fundo de seu ser, de sua energia interior, da confiança que você tem em si mesmo e de que merece que o melhor aconteça.

Pausa para reflexão

Trabalho

Extraído do livro *Histórias da alma, histórias do coração*, de Margarete Stevens

Houve um homem que morreu e se viu em um lugar lindo, rodeado de todo o conforto concebível.

Um ser vestido inteiramente de branco veio até ele e disse: — O senhor aqui pode ter qualquer coisa que desejar; qualquer iguaria, qualquer prazer, qualquer tipo de entretenimento.

O homem ficou encantado e, por vários dias, deliciou-se com todos os manjares e deleites que sonhara na Terra.

Um dia, porém, entediou-se daquilo tudo e, chamando o atendente de trajes brancos, explicou: — Estou cansado disso tudo. Preciso de alguma coisa para fazer. Que tipo de trabalho você pode me oferecer?

O atendente de branco sacudiu a cabeça melancolicamente e respondeu: — Sinto muito, meu senhor. Essa é a única coisa que não podemos lhe oferecer. Não há trabalho aqui.

Ao que o homem retrucou: — Essa não! Eu poderia bem estar no inferno.

O atendente, então, respondeu com brandura: — E onde o senhor pensa que está?

É isso mesmo! Dê mais valor à preciosa oportunidade que você tem de trabalhar. Uma vida sem trabalho torna-se tediosa e estéril.

E, além de valorizar-se pelo que tão bem você sabe fazer, aprenda a valorizar o saber de cada um...

62

O Verdadeiro Saber

Considero de grande importância a busca por mais conhecimento e por crescimento intelectual, porque o saber tem o poder de mudar sua vida para melhor. Mas é preciso cuidado para que, ao atingir um patamar de cultura mais elevado, você não se perca na arrogância e no egoísmo, achando-se superior aos outros e querendo guardar tudo para si mesmo.

Cada pessoa, neste mundo, tem habilidades natas e outras que vão se desenvolvendo com o passar do tempo, e, por mais estudos e oportunidades que você venha a ter, isso não lhe dá o direito de humilhar quem não conseguiu as mesmas escolhas.

Além disso, todos nós conhecemos muita gente que nunca teve chance de estudar como gostaria, mas que demonstra sabedoria e bom senso invejáveis, e, em sua forma descomplicada de ser, soluciona seus problemas sem tantos desgastes.

Estudar, procurando aprender sempre mais, é fundamental para facilitar seus passos rumo ao sucesso, mas lembre-se: o que vai levá-lo ao triunfo duradouro é sua capacidade de se relacionar bem com todos. Por isso sempre afirmo que o tema "Como conviver melhor" deveria ser matéria obrigatória nas escolas, para alunos de todas as idades, pais e educadores, bem como para empresários e colaboradores.

Então, lembre-se disso todos os dias: o verdadeiro saber — cujo poder é de transformação — é a habilidade de se relacionar melhor com todos. E esta semeadura e troca de experiências positivas, com simplicidade, vai lhe proporcionar o merecimento para colher os bons frutos que conduzem à verdadeira prosperidade — saúde, dinheiro e relacionamentos cada vez mais felizes!

O barqueiro

Autor desconhecido

Em um largo rio, de difícil travessia, havia um barqueiro que atravessava as pessoas de um lado para o outro.

Em uma das viagens, iam um advogado e uma professora.

Como quem gosta de falar muito, o advogado perguntou ao barqueiro: — Meu caro barqueiro, você entende de leis?

E o barqueiro respondeu, humildemente: — Não, senhor.

E o advogado, compadecido, lhe disse: — É uma pena... Você perdeu metade da vida!

O barqueiro nada respondeu.

A professora, muito social, entra na conversa: — Seu barqueiro, o senhor sabe ler e escrever?

E o homem, remando, respondeu: — Também não sei, senhora!

E a mestra, condoída, lhe disse: — Que pena... Você perdeu metade da vida!

Nesse momento, uma onda inesperada e forte virou o barco.

O canoeiro, preocupado, perguntou: — Vocês sabem nadar?

E eles, em desespero, gritaram: — Não sabemos nadar... Socorro!

Então, o barqueiro, tentando salvá-los, concluiu: — Puxa, que pena... Vocês podem perder agora toda uma vida!

É isso aí! Todo e qualquer saber tem o seu valor!
E o mais importante é que você jamais pare de procurar aprofundar seus conhecimentos, valorizando-se cada vez mais, profissionalmente e perante o mundo.

63

O Valor do Saber

Vejo, por todos os lados, pessoas desanimadas com a vida e com suas profissões. Não se valorizam e, consequentemente, não são valorizadas por aqueles que as cercam.

Se este é o seu caso, eu lhe pergunto: O que você tem feito por seu crescimento pessoal e profissional? Você tem procurado aumentar seu círculo de relacionamentos? Tem se esforçado para aprender e ensinar algo novo a cada dia?

De forma inteligente, coloque-se como aprendiz da vida e não se contente em saber somente sobre sua área de atuação; mantenha-se atualizado sobre tudo o que diz respeito ao seu trabalho e veja como se sentirá muito mais autoconfiante.

Em todas as conversas e encontros, busque um novo ensinamento. Cada pessoa de sua convivência pode ser uma valiosa fonte de experiências que vai enriquecer o seu viver. Onde você estiver — na fila do banco, esperando o ônibus ou mesmo conversando pela internet — aproveite para aprender e compartilhar o que sabe.

Pode não parecer, mas a verdade é que as oportunidades existem para todos; entretanto, raros são os que se preparam para elas, e poucos os que assumem a direção de sua vida e se esforçam no sentido de evoluir e se valorizar.

O saber fazer, a experiência e o conhecimento são valores que, se adquiridos, jamais serão tirados de você. Portanto, levante-se daí e vá aprender algo novo, agora, porque saber tem poder!

Pausa para reflexão

Seja você também um especialista

Autor desconhecido

Um especialista foi chamado para solucionar um problema com um computador de grande porte e altamente complexo, que valia 12 milhões de dólares.

Sentado em frente ao monitor, pressionou algumas teclas, balançou a cabeça, murmurou algo para si mesmo e desligou o computador. Tirou uma chave de fenda de seu bolso e deu uma volta e meia em um minúsculo parafuso.

Então ligou o computador e verificou que tudo estava funcionando perfeitamente.

O presidente da empresa mostrou-se surpreendido e ofereceu para pagar a conta no mesmo instante: — Quanto lhe devo?

— São mil dólares, por favor — respondeu o especialista.

— Mil dólares? Mil dólares por alguns minutos de trabalho? Mil dólares por apertar um parafuso? Eu sei que meu computador vale 12 milhões de dólares, mas mil dólares é um valor absurdo! Pagarei somente se receber uma nota fiscal com todos os detalhes que justifique tal valor.

O especialista balançou a cabeça e saiu.

Na manhã seguinte, o presidente recebeu a nota fiscal, leu com cuidado, balançou a cabeça, e saiu para pagá-la, no mesmo instante, sem reclamar.

A nota fiscal dizia:

Serviços prestados:

- Apertar um parafuso: 1 dólar;
- Saber qual parafuso apertar: 999 dólares.

Dizem que não se cobra pelo que se faz, mas pelo que se sabe fazer.

Agora que você entendeu a importância de buscar sempre o saber mais, a melhora contínua, vamos refletir sobre o poder de uma comunicação eficaz, principalmente nas posições de liderança...

64

Comunicação e Liderança

Muito se fala da importância do papel do líder no processo produtivo das empresas ou organizações. Mas pouco se diz sobre como ser realmente um líder de resultados, comprometido com o crescimento não só da empresa que lidera como também de todos os que ele comanda. É na liderança que as empresas colocam suas expectativas de sucesso, porque o líder é aquela pessoa escolhida, com o maior critério, para ser modelo de disciplina e autoridade moral para seus comandados.

Entretanto, uma liderança vencedora requer um exímio comunicador como líder. Os maiores problemas nas empresas — tanto de produtividade quanto de relacionamentos — são decorrentes de falhas na comunicação, que começam na área estratégico-gerencial e caminham para a operacional. Sempre digo, em minhas palestras corporativas, que o primeiro aspecto a ser trabalhado com os colaboradores em busca de aperfeiçoamento de seu desempenho profissional é a forma de se relacionar — consigo mesmo e com os outros. E a comunicação eficaz — aquela que gera os resultados desejados — é fundamental para garantir boas relações em qualquer área da vida.

A meu ver, para aprimorar a comunicação nas organizações é necessário, entre as equipes, um trabalho de autoconhecimento e aprendizagem a respeito da maneira como cada pessoa se comunica. No capítulo 54, *Como conviver melhor em família*, comentei e dei alguns exemplos sobre os canais representacionais de nossa comunicação — o visual, o auditivo e o cinestésico —, e a forma como os utilizamos para compreender o mundo, memorizar e nos comunicar com os outros. E repito: esse assunto deveria ser de ensino obrigatório nas escolas primárias, porque, a partir do momento em que uma pessoa identifica suas peculiaridades na comunicação, começa a observar os que a rodeiam e aprende a respeitar e a se adaptar às diferentes características dos outros. Com isso, diminuem os melindres, os mal-entendidos e as interpretações truncadas.

Outro conhecimento importante diz respeito à pouca influência das palavras nos resultados da comunicação. O peso maior está no tom de voz e, principalmente, na postura do comunicador. De que adianta se proclamar motivado, se a voz e a postura demonstram o contrário?

O líder que se comunica bem exerce seu papel com mais competência, poder de persuasão e carisma. Sim, o verdadeiro líder é carismático — sabe o valor de um sorriso, de um olhar direto e sincero e de servir, antes de ser servido.

O líder, na verdadeira acepção da palavra, é aquele que valoriza as pessoas, que se interessa pelo outro como ser humano — e não como uma máquina de produção —, que se dedica a desenvolver talentos. Seus elogios são sinceros e justos, e suas críticas, reservadas e construtivas.

Talvez possa até ser fácil se tornar um líder; o verdadeiro desafio é se manter líder por muito tempo. Como você viu, isso exige habilidades de comunicação, desapego, perseverança e, sobretudo, automotivação!

PAUSA PARA REFLEXÃO

Como dizer a verdade

Autor desconhecido

Certa vez, um imperador sonhou que havia perdido todos os dentes. Ele acordou assustado e mandou chamar um sábio para que interpretasse o sonho.

— Que horror, senhor! — exclamou o sábio. — Cada dente caído representa a perda de um parente de Vossa Majestade...

— Mas que insolente! — gritou o imperador. — Como se atreve a dizer tal coisa?

O rei chamou os guardas e mandou que lhe dessem cem chicotadas. Mandou, também, que chamassem outro sábio para interpretar o mesmo sonho.

O outro sábio chegou e disse: — Senhor, uma grande felicidade vos está reservada! O sonho indica que ireis viver mais que todos os vossos parentes.

A fisionomia do imperador se iluminou e mandou dar cem moedas de ouro para o sábio.

Quando este saía do palácio, um súdito perguntou: — Como é possível? A interpretação que você fez foi a mesma do seu colega. No entanto, ele levou chicotadas e você moedas de ouro!

E ele, sabiamente, respondeu: — Lembre-se sempre, amigo, tudo depende da maneira de dizer as coisas... E esse é o grande desafio da Humanidade. É daí que vem a felicidade ou a infelicidade, a paz ou a guerra. A verdade deve sempre ser dita, não resta a menor dúvida, mas a forma como deve ser dita é que faz a diferença. A verdade deve ser comparada com uma pedra preciosa. Se a lançarmos no rosto de alguém, pode ferir, provocando revolta. Mas se a envolvermos numa delicada embalagem e a oferecermos com ternura, certamente será aceita com felicidade.

Depois desta análise sobre a importância de saber comunicar para liderar melhor, vamos, agora, refletir sobre o autocontrole no exercício da liderança...

65

EQUILÍBRIO NA LIDERANÇA

Em pleno século XXI, presenciamos, ainda, com frequência, empresas e órgãos públicos com sérias dificuldades em seus resultados, decorrentes de uma liderança desequilibrada e ineficaz. Chefes que se descontrolam com os subordinados, gerentes que não separam vida pessoal da profissional e falta de ética e respeito são alguns dos problemas que enfraquecem, em quaisquer ambientes de trabalho, a produtividade e a lucratividade.

No Brasil, principalmente no serviço público, é triste constatar que são muitos os cargos de chefia entregues a pessoas que não têm preparo emocional nem competência para exercê-los. E o desgaste e a desmotivação que tais lideranças geram em suas equipes ocasionam, muitas vezes, transtornos irreversíveis.

Todo ser humano tem como desejos básicos ser amado, ser admirado, sentir-se útil e valorizado; e o Líder (com L maiúsculo) é aquele que faz de tudo para suprir essas necessidades no meio em que atua.

Um líder sabe que o seu exemplo é que desperta a motivação em sua equipe, então, jamais usa palavras de depreciação, revolta ou maledicência, buscando o equilíbrio entre o pensar e o agir. Agressividade e descontrole são atitudes de pessoas brigadas com a vida, cheias de amargura e inveja no coração, sem argumentos em suas negociações, e, pior, incapacitadas para liderar profissionais que se unem para vencer.

Portanto, guarde bem: as organizações só vencem quando todos os que as compõem vencem também!

PAUSA PARA REFLEXÃO

Exemplo na liderança

Extraída de *O Livro das Virtudes II — O Compasso Moral*,
de William J. Bennett

Este incidente se passou durante a primeira guerra americana, quando um oficial mandou seus soldados cortar algumas árvores para fazer uma ponte. Não havia homens suficientes, e o trabalho progredia muito lentamente.

Um homem de aparência imponente, que estava passando a cavalo, falou com o oficial responsável quando este dava ordens aos subordinados, mas ele mesmo não fazia nada: — Você não tem homens suficientes para o trabalho, não é?

— **Não**, senhor. Precisamos de ajuda.

— Por que você mesmo não põe mãos à obra? — perguntou o homem no cavalo.

— Eu, senhor? Por quê? Sou um cabo — respondeu o oficial, aparentemente ofendido com a sugestão.

— Ah, é verdade — respondeu o outro calmamente e, descendo do cavalo, pôs-se a trabalhar com os homens até estar concluído o serviço.

Depois, montou novamente e, enquanto saía, falou para o oficial: — Cabo, da próxima vez que tiver uma tarefa a cumprir e poucos homens para o serviço, avise o comandante superior, e eu tornarei a vir.

Este era o general Washington.

Na vida profissional, um grande cuidado que você deve ter é com os sentimentos de inveja — os seus e os de seus colegas...

66

Os Estragos da Inveja no Mundo Corporativo

Não há nada mais pernicioso no ambiente corporativo que os infelizes sentimentos de inveja.

Por outro lado, se a inveja está presente, este é um claro sinal de que ali há pessoas de valor, despertando emoções confusas em seus colegas de trabalho: em alguns, a admiração — sentimento positivo e construtivo —, e em outros, a inveja — altamente destrutiva, principalmente para quem a carrega dentro de si.

Quem admira o sucesso do outro sabe que também pode realizar muito e procura adotar seu modelo para aprender a ser bem-sucedido. Entretanto, quem inveja o êxito do outro não percebe que tem potencial para vencer e, então, fica tomado por um sentimento de destruir o que o outro tem de melhor.

Acredito que não seja muito complicado perceber quem inveja quem no ambiente profissional, porque o invejoso tem certo comportamento-padrão, embora também existam outros tipos de invejosos camuflados — os "lobos em pele de cordeiros".

O invejoso mais fácil de ser identificado é aquele que despreza aquele que é o alvo de sua inveja, não apresenta o mínimo de interesse por sua vida, faz de tudo para ofuscar os talentos do outro e gosta de fazer comentários maldosos a seu respeito. Quando tem oportunidade, sem se dar conta, solta algumas "pistas" de sua inveja: *"Ah, eu não sou tão inteligente quanto você..."*, *"Você é que é bom nisso..."*, tentando disfarçar seu incômodo.

O maior perigo é que o invejoso — por acreditar que não consegue se igualar ou ser melhor que o outro —, se tiver um caráter mau, é capaz de fazer de tudo para denegrir a imagem de quem inveja. Muitas vezes são atos inconscientes, mas há casos em que são bem conscientes, planejados e mal-intencionados. São as armadilhas, as calúnias e os "puxões de tapete", ainda tão comuns no ambiente organizacional... Traições, decepções, desilusões — quanto estrago por causa da inveja!

A minha sugestão para todos aqueles que trabalham com outras pessoas é que não se iludam em relação a elas, não confiem tanto naqueles que não conhecem tão bem assim, e evitem expor sua vida. É melhor ser reservado e realizar o próprio trabalho, da melhor forma que puder. Entretanto, muito cuidado: não deixe de brilhar por medo da inveja alheia! Afinal, se o invejam é porque você está fazendo a diferença, porque você tem importância. Você já viu alguém invejar quem está nas piores situações?

Em minhas palestras e atendimentos, gosto de dar esta dica, primordial para sua sobrevivência em ambientes nos quais a inveja impera: quando você detectar um invejoso em seu convívio, procure, de forma sincera, exaltar as qualidades dele. Quando possível, elogie um talento que ele tem e peça-lhe que ensine alguma coisa que ele saiba fazer bem. Essa atitude, inteligente e humilde, tem o poder de, pouco a pouco, desarmar o invejoso, além de ser uma forma caridosa de incentivá-lo a descobrir seu próprio valor.

Portanto, sem medo da inveja alheia, ofereça o máximo de seu talento em tudo o que fizer e, com a consciência tranquila, não se esconda, porque o mundo precisa de pessoas como você, irradiando energias de sucesso, otimismo e competência por onde passam.

Nada melhor que um dia depois do outro para se encaixarem as peças deste grande quebra-cabeça que é a vida. E os invejosos que se controlem, porque como diz o ditado: *"Aqui se planta, aqui se colhe!"*

Pausa para reflexão

Quanta insegurança...

Dedico esta história a todos os que ainda não descobriram seu potencial

Sérgio, um conceituado consultor comportamental na área corporativa, ao buscar sua esposa no trabalho, depois de um dia bastante produtivo, sentiu algo no ar...

— Cláudia, meu amor, o que está acontecendo com você? Tenho percebido que você está revoltada com seu trabalho, ultimamente... Por quê?

— Ah, querido, estou mesmo! Você sabe o "duro" que dou naquela empresa, toda minha dedicação de anos, mas raramente sou reconhecida por isso e, para piorar a situação, eles acabaram de contratar uma nova funcionária para me ajudar — a Judith —, e ela está fazendo o maior sucesso. Primeiro, porque é bonita e educada, e, depois, demonstra uma autoconfiança que está me deixando estressada, Sérgio! — respondeu Cláudia, irritada.

— Querida, não fique brava comigo, mas o que parece é que você está se sentindo insegura... Não fique assim, não! Você tem de ver o lado positivo disso tudo.

— Positivo, Sérgio? Você só pode estar brincando comigo! E se ela tomar meu lugar? Já pensou nessa possibilidade?

— Cláudia, se ela tomar seu lugar é porque ela é mais competente que você, e eu acredito muito em seu potencial, meu amor. E, depois, ela está lá para ajudá-la, e isso é sinal de que seus superiores perceberam que você está sobrecarregada de serviço. É sinal de que eles se importam com você e querem vê-la produzindo, sem pressões. Vocês têm de formar uma equipe coesa, senão a produtividade de vocês vai despencar... — disse o marido, estranhando os sentimentos negativos da esposa.

— É..., mas eu estou dando um "gelo" nela. Se ela quiser aprender as coisas, que aprenda por si mesma. Não vou criar uma cobra para depois ela me picar!

— Querida, estou decepcionado com sua reação! Tenho de dizer, porque é com isso que trabalho... Se você continuar agindo assim, a energia à sua volta ficará tão negativa, que realmente ela vai cativar todo mundo e você vai mesmo perder seu lugar para ela. Você está demonstrando inveja, que é o caminho mais certo para a infelicidade. As equipes precisam trabalhar com um único objetivo, que é o sucesso da empresa, sem questões pessoais que envolvam falta de autoconfiança, inveja ou ciúmes. Tenho certeza de que se seus patrões perceberem sua atitude, quem vai sair perdendo será você! — disse Sérgio, bastante chateado com a esposa.

Por outro lado, Judith, a nova funcionária, contratada tão somente por sua competência na função que já exercia em outra empresa do mesmo setor, percebeu logo de cara a frieza da colega Cláudia.

Na segunda semana de trabalho na empresa, Judith foi chamada para uma conversa com a supervisora do Departamento de Recursos Humanos e, depois de pensar muito se deveria fazer isso, contou para ela as primeiras impressões que teve em relação à Cláudia. Disse que foi bem recebida pelos outros funcionários do departamento, mas justamente a colega com quem iria trabalhar em conjunto — Cláudia — não demonstrou simpatia por ela.

— Fique tranquila, Judith, muitas vezes isso acontece nas equipes, o que é muito triste! — disse Sandra, psicóloga e supervisora de RH. —

Esse tipo de reação de sua colega demonstra clara insegurança da parte dela, medo de que você brilhe mais que ela. Este é, infelizmente, um sentimento que ainda impera em muitas equipes, que não conseguem colocar seu compromisso com o crescimento da empresa em primeiro lugar, deixando as vaidades e os orgulhos só para a vida pessoal. Dias atrás, inclusive, tivemos uma palestrante aqui na empresa que falou justamente sobre esse tema e, por isso, estou sendo tão clara assim com você. No refeitório, a semana inteira, não se falava em outra coisa que não fosse sobre como conviver com a inveja no ambiente de trabalho...

— Mas, dra. Sandra, o que eu faço agora? — perguntou Judith, confusa.

— Judith, seja você mesma, agradável com todos, solícita e dinâmica, porque foram estas qualidades que a trouxeram para nossa empresa. Um jeito de você quebrar um pouco o "gelo" dela é procurando motivos para elogiá-la, valorizando-a em suas tarefas. Quem sente inveja de outra pessoa geralmente é alguém que vive de comparações com os outros, e este é um grande erro, porque o certo é a prática da autocomparação, ou seja, a pessoa deve avaliar ou comparar como tem sido seu próprio crescimento, ao longo do tempo, tanto pessoal quanto profissional. Não fique esperando que ela mude a maneira de ser. Se você quer mudança, quer uma melhoria em seu relacionamento com ela, mude você primeiro, mostrando a ela que você quer aprender muito com ela. E mais um detalhe, Judith, que serve para qualquer emprego em que você tiver de trabalhar em equipe: anote tudo o que lhe mandarem fazer, principalmente ações as quais você não concorde com elas, mas que tenha de realizar. Esta é uma forma de se precaver de possíveis traições. Acredito que este não seja o caso da Cláudia, mas é bom ter cuidado... Eis, então, Judith, algumas dicas para que sua convivência em equipe possa realmente adquirir a qualidade que nossa empresa precisa — disse a especialista, com ar de preocupação e seriedade.

— É verdade, dra. Sandra. Ninguém cresce sozinho e, com tato, vou conseguir me aliar a ela e, juntas, colaborarmos para que todos os objetivos da nossa empresa sejam atingidos. Quem mais ganha com o sucesso da empresa somos nós, afinal, esta oportunidade de adquirir experiências é única e é nossa!

E agora, reflita comigo... O que é melhor: ajudar ou apoiar?

67

Ajudar ou Apoiar?

Na vida profissional, passamos, vez ou outra, por situações que nos mostram quem realmente somos e quem são nossos colegas de trabalho. Uns são extremamente "legais", outros autoconfiantes, solidários e companheiros, e alguns egoístas demais, sem nenhum compromisso em melhorar os próprios relacionamentos. E você? Olhando para sua vida, hoje, em qual destes perfis você se encaixa?

Depois dessa longa viagem que fizemos, passando pelo autoconhecimento e resgate de sua autoestima, espero que não reste mais dúvida: ser bom, solidário e justo são atitudes que conduzem ao sucesso e à felicidade, porém, cuidado para não se tornar o "bonzinho", o "legal", o "fofo"! É deste comportamento inseguro, de querer agradar a todo mundo, de ter medo de dizer "não" quando é preciso, que nascem suas decepções com a família, com os amigos ou com os companheiros de trabalho.

Se você é daqueles que passam a vida carregando todo mundo nas "costas", prepare-se, porque quando você fraquejar, as pessoas acostumadas a abusar de você vão reclamar, fazer cara feia e chantagens emocionais. E vão agir assim também se, antes de ter suas energias esgotadas, você resolver dar um basta, e começar a dizer "não" para os abusos... A verdade é que ninguém valoriza o "bonzinho"! E sabe de quem é a culpa por tanta exploração? Sua, de mais ninguém! Foi você, por medo de não ser aceito e amado, quem não colocou limites; e, além disso, sente-se envaidecido por ver o quanto os outros necessitam de você! É como se em sua testa estivesse escrito assim: *"Pode pedir, pode abusar, que eu faço tudo pelos outros. Eu adoro ajudar todo mundo!"*

Nas relações humanas é preciso ter clara a diferença entre ajudar e apoiar. Ajudar é fazer pelo outro, o que acredito que não é bom, por dois motivos: primeiro porque você tira a chance do outro de crescer e sentir-se capaz; segundo porque você nutre sua própria vaidade enquanto alimenta nas pessoas a necessidade de ter você por perto! Apoiar, por outro lado, é você dar força para as realizações dos outros, é fazer junto com eles, mostrando-lhes que são capazes de conseguir alcançar seus objetivos pelos próprios esforços.

Eu, pessoalmente, acredito que devemos praticar a ajuda somente a nós mesmos – a autoajuda; em compensação, não nos faltam oportunidades para praticarmos o apoio, a colaboração ou a solidariedade com os outros e, aí sim, devemos ser abertos para servir ao mundo em que vivemos.

Então, para que você seja cada vez mais solidário, disponha-se a apoiar aqueles que lhe solicitam apoio e caminhe ao lado de quem está desanimado com a vida, fornecendo-lhe palavras de incentivo e forças para crescer. Exercite ouvir mais do que falar. Evite críticas que destroem e saiba que um simples elogio pode, muitas vezes, acordar talentos ocultos. E lembre-se: ser solidário requer um estado de alma leve, é estar de bem com a vida e levar aos outros alegria e esperança.

Por isso, em qualquer tempo e lugar, demonstre o quanto você é especial. Como? Dando o melhor de si, sem esperar recompensas. Se você se empenha em contribuir para o desenvolvimento deste mundo, a abundância (de saúde, dinheiro e relacionamentos felizes) será uma merecida consequência!!!

Acredite nisso e comece já a deixar sua marca positiva em tudo o que fizer. Você cresce como pessoa, e sua prosperidade vai servir de exemplo para aqueles que ainda duvidam da poderosa "Lei do plantar e colher".

Pausa para reflexão

Os dois burros

Autor desconhecido

Andavam, por uma estrada, dois burros. O primeiro estava com o lombo carregado de sacos de sal, enquanto o outro levava enormes sacos de algodão.

— Oh, meu amigo — suplicava o primeiro — poderias fazer o favor de dividir alguns de teus fardos de algodão para aliviar o peso da minha carga?

— De jeito nenhum, cada um recebeu a carga que lhe convinha! — respondeu o outro burro.

— Mas este sol está me matando, e não sei se vou aguentar — reclamou o burro que carregava os sacos de sal.

— O problema é seu, a carga é sua! — resmungou, insensível, o burro egoísta.

Depois de longa caminhada, chegaram a um riacho que não tinha ponte e foram forçados a passar por dentro da água.

O primeiro burro, carregando o sal, atravessou tranquilo e saiu facilmente da água, e até mais leve, pois o sal dos fardos havia dissolvido na água.

Contudo, o segundo burro não conseguia nem mesmo sair da água, pois o algodão encharcou-se, tornando-se extremamente pesado.

A vida é assim: um dia se planta, no outro se colhe!

É isso aí: mais cedo ou mais tarde, a vida nos cobra por nossos atos!

Prosseguindo pelos caminhos da profissão, vamos fazer uma breve análise sobre as empresas, hoje...

68

Perfil Empresarial

Vivemos em um país no qual o preparo para a gestão empresarial ainda é muito pequeno. Muitos brasileiros têm formação superior na área empresarial e, por falta de capital, acabam empregados em setores completamente diferentes. Por outro lado, vemos, hoje, muitos empresários com formação acadêmica em áreas bem diversas que se arrojaram a criar e a gerir empresas nos mais distintos segmentos. O resultado desta análise é que temos muitas empresas no Brasil, mas poucos verdadeiros empresários que conseguem administrar seus negócios com equilíbrio e sabedoria.

A competitividade do mercado é um dos maiores desafios empresariais e, sem preparo — seja acadêmico ou, em último caso, por meio de cursos e leituras específicas —, fica quase inviável para os empresários conseguirem sucesso em seus negócios. Grandes empresas podem, é claro, contratar profissionais especializados para a gestão com excelência, mas não é isso o que acontece com as médias e pequenas empresas, que têm passado por desequilíbrios financeiros e administrativos.

No Brasil, mais de 90% das empresas são de origem familiar e, segundo pesquisas, somente 30% delas chegam à segunda geração e apenas 5% sobrevivem à terceira geração. Este é um reflexo da falta de preparo dos patriarcas e dos herdeiros para o processo de sucessão.

Os patriarcas, muitas vezes, por temerem a verdade de que não são eternos e que, de um momento para o outro, podem morrer, costumam adiar seu planejamento sucessório, ou seja, descuidam-se do "plano B".

Quanto aos herdeiros, muitos são criados de forma tão superprotetora que veem a empresa familiar não como um negócio a ser assumido com seriedade, mas como uma herança que vão receber do pai, algum dia. Este é o grande perigo: confundir sucessão com herança, porque a sucessão de uma empresa traz consigo a responsabilidade empresarial e social, afinal, são muitos empregos que dependem da habilidade do novo gestor. E a herança, muitas vezes, pode ter uma conotação de falta de compromisso com o que se herda, por não ter sido ensinado ao herdeiro a valorizar e a amar aquilo que foi construído no decorrer dos anos. Outro sentido negativo da herança é que ela está ligada à morte de alguém, o que pode, em alguns casos, desencadear sentimentos de culpa, que, com o tempo, levam o herdeiro à autopunição — fracassos e falência. Sabendo disso, é sempre bom estar atento às armadilhas do inconsciente, vendo a empresa herdada como negócio, não como herança!

"Família + Empresa" pode ser uma combinação perfeita, mas muitos são os casos em que, infelizmente, torna-se uma mistura explosiva, quando emoção e razão se confundem e geram conflitos, por vezes, devastadores. Daí o resultado: pouquíssimas são as empresas que se tornam perenes, afinal, não existe sucesso em área alguma da vida se não houver, antes, o preparo, o planejamento e o comprometimento adequado de todas as partes envolvidas.

Pausa para reflexão

Dormir enquanto os ventos sopram

Autor desconhecido

Alguns anos atrás, um fazendeiro possuía terras ao longo do litoral do Atlântico. Ele constantemente anunciava estar precisando de empregados. A maioria das pessoas não se dispunha a trabalhar em fazendas ao longo do Atlântico. Elas temiam as horrorosas tempestades que varriam aquela região, fazendo estragos nas construções e nas plantações.

Procurando por novos empregados, ele recebeu muitas recusas.

Finalmente, um homem baixo e magro, de meia-idade, aproximou-se do fazendeiro.

— Você é um bom lavrador? — perguntou o fazendeiro.

— Bem, eu posso dormir enquanto os ventos sopram, respondeu o pequeno homem. Embora confuso com a resposta, o fazendeiro, desesperado por ajuda, o empregou. O pequeno homem trabalhou bem ao redor da fazenda, mantendo-se ocupado do alvorecer até o anoitecer, e o fazendeiro estava satisfeito com o trabalho do homem.

Então, uma noite, o vento uivou ruidosamente. O fazendeiro pulou da cama, agarrou um lampião e correu até o alojamento dos empregados. Sacudiu o pequeno homem e gritou: — Levanta! Uma tempestade está chegando! Amarre as coisas antes que sejam arrastadas!

O pequeno homem virou-se na cama e disse firmemente:

— Não, senhor. Eu lhe falei, eu posso dormir enquanto os ventos sopram.

Enfurecido pela resposta, o fazendeiro pensou em despedi-lo imediatamente. Mas, em vez disso, ele se apressou a sair e preparar o terreno para a tempestade. Do empregado, trataria depois.

Mas, para seu assombro, ele descobriu que todos os montes de feno tinham sido cobertos com lonas firmemente presas ao solo. As vacas estavam bem protegidas no celeiro, os frangos nos viveiros, e todas as portas muito bem travadas. As janelas bem fechadas e seguras. Tudo fora amarrado.

Nada poderia ser arrastado. O fazendeiro, entendendo o que seu empregado quis dizer, retornou para sua cama, para também dormir enquanto o vento soprava.

A grande mensagem dessa história é que quando se está preparado — espiritual, mental e fisicamente — não se tem nada a temer.

Será que você pode dormir enquanto os ventos sopram em sua vida?

Você, amigo leitor, pode se aprofundar mais no tema sobre sucessão em empresas familiares com a leitura de meu livro *O Enigma da Bota — Enfrentando a Sucessão Empresarial com Equilíbrio e Sabedoria*, uma forte e emocionante história sobre os desafios de conciliar empresa com família.

E, agora, vamos refletir sobre a motivação no mundo empresarial...

69

Empresas Motivadas

Motivação empresarial é um dos temas mais comentados, atualmente, e, para uma reflexão mais detalhada, é preciso que se pressuponha que as empresas são feitas de pessoas e, consequentemente, de pensamentos e emoções.

Assim, o crescimento e o sucesso de um empreendimento passam, primeiro, pelo aperfeiçoamento das qualidades internas de seus colaboradores.

Conhecimentos técnicos são necessários, porém, o que move uma organização é o entusiasmo e o bem-estar de seus trabalhadores. A alegria de uma empresa — produtividade e lucro — é decorrência da alegria dos corações que pulsam ali dentro. Isso quer dizer que o sucesso de qualquer empresa depende do sucesso de cada um de seus funcionários.

É fundamental compreender que para ser bem-sucedido em seu trabalho, cada profissional precisa desenvolver e cultivar um padrão de pensamento positivo, estar bem consigo mesmo, vivenciar equilíbrio familiar, saber fazer e conservar amizades, cuidar da própria saúde — física e emocional —, e cultivar a religiosidade, que trará forças para acreditar no melhor. Um excelente profissional precisa ser, antes de tudo, uma excelente pessoa.

Na verdade, motivar empresas e pessoas é tão somente aplicar-lhes um toque de despertar, porque a motivação é algo que vem de dentro para fora, é um sentimento que leva a pessoa a pensar, decidir e agir. Cada um é motivado por aquilo que tem valor para si mesmo.

Nas empresas, cada colaborador tem o próprio papel e precisa valorizar seu trabalho, sua função. Antes que alguém reconheça seu valor, é preciso estar consciente de que faz parte de um grupo que trabalha com os mesmos objetivos, em busca dos mesmos resultados. A autoconfiança de cada membro de uma equipe garante o sucesso de qualquer empreendimento. Que os empresários, cada dia mais, possam tomar consciência desse fato e investir no desenvolvimento humano, em que as emoções de cada colaborador serão trabalhadas de forma que mudanças positivas de comportamento possam ser efetuadas, melhorando não só a performance profissional de cada um, mas também sua postura dentro da família e da sociedade.

Em nosso país, felizmente, a maioria das empresas tem consciência da importância de um estímulo ao crescimento pessoal e profissional do seu público interno. São estas as empresas que valorizam seu potencial humano, sabem aproveitar as oportunidades que surgem, estão mais preparadas para a alta competitividade do mercado e que, com certeza, apresentarão resultados compensadores.

Guarde bem: produtividade é decorrência de bem-estar e qualidade de vida!

Pausa para reflexão

Comprometimento e sucesso

Escrevi esta história em homenagem aos profissionais verdadeiramente comprometidos com seu trabalho

Ricardo, o gerente de marketing, convidara seu colega José Luís, gerente de produção, para um almoço fora da empresa, porque precisava conversar com o amigo sobre um problema que estava enfrentando.

Ao chegarem ao restaurante mais próximo dali, após fazerem o pedido, Ricardo foi logo desabafando...

— Sabe o que é, Zé Luís? Estou muito angustiado nos últimos dias. Sinto que não estou dando à empresa que trabalhamos o melhor de mim, sei que sou capaz de fazer muito mais, mas estou desmotivado. Acho que é porque não tenho oportunidades de mostrar meu talento, a diretoria é muito conservadora... Sei que isso pode ser uma desculpa para justificar o que sinto, mas é isso... — disse Ricardo, desanimado.

— Puxa, Ricardo, não pensei que você estivesse assim tão infeliz... O que aconteceu com você, afinal?

— Cara, foi de uma hora para outra... Eu assisti a uma entrevista na TV com um consultor empresarial e ele estava falando sobre a diferença entre "estar envolvido" e "estar comprometido" com o que fazemos, e foi aí que a "minha ficha caiu". Eu percebi que estou agindo errado com a empresa e até em minha vida pessoal também — explicou Ricardo, desolado.

— Como assim? O que foi que te fez "acordar" desse jeito? — ainda sem compreender aonde essa conversa iria chegar...

— Eu comecei a entender, Zé Luís, que sou muito bom para me envolver, mas péssimo para me comprometer. Vou explicar melhor: envolvimento com uma pessoa, com um trabalho ou com uma causa é muito fácil, porque é só ser mais um ali, ser um participante, sem me responsabilizar nem me preocupar com as consequências. Agora, estar comprometido, aí é outra coisa bem mais séria, pois comprometer mesmo é "vestir a camisa", é levar com seriedade todos os meus compromissos, sejam eles pessoais ou profissionais, é me dedicar de corpo e alma. Até hoje, meu amigo, eu era aquele cara do tipo "vai levando", ou melhor, que deixava a vida me levar, entende? — disse Ricardo, constrangido com aquela situação.

— É verdade, Ricardo. Você tem razão! Nunca o vi levar nenhum namoro a sério, e, agora que você está dizendo isso, começo a perceber que você também nunca se interessou em se aprofundar nas questões da empresa nem conhecer melhor as outras áreas ou propor projetos mais arrojados... — disse José Luís, em sua peculiar sinceridade.

— E agora, Zé Luís? O que eu faço com tudo isso que descobri de mim mesmo?

— Ora, amigo! Enfrente a sua verdade e procure mudar! Só de perceber que é você que está errado, e não as pessoas à sua volta, ou a empresa, ou o mundo, isto já é um grande passo, Ricardo! Olhe só que interessante: Estou comendo esta deliciosa galinhada e esta salada de ovos e me lembrei de um exemplo que li em um livro, há muito tempo, justamente mostrando a diferença entre envolvimento e comprometimento: ao comer os ovos, vejo que a galinha que os botou está apenas envolvida em minha alimentação, mas, ao comer a galinhada... Humm... Vejo uma galinha comprometida com a minha refeição, afinal, ela se deu inteirinha para que eu me alimentasse bem. Entende a comparação, Ricardo?

— Ah, não! Você está querendo dizer que para eu me comprometer vou ter de "morrer" pela empresa ou pelos outros, dar todo o meu sangue? — perguntou Ricardo, bravo com o amigo.

— Claro que não, Ricardo! Isso é só um exemplo exagerado! O que você precisa entender é que hoje, no mercado de trabalho, o espaço para pessoas sem comprometimento está ficando cada vez menor, porque existe tanta concorrência, tanta gente precisando trabalhar e empolgada com um novo emprego, que se você vacilar, meu amigo, vai "dançar". Assim também na vida pessoal... Se você não cuidar com carinho de sua parceira, logo estará só, sem entender por que a perdeu... Como diz o ditado, Ricardo: "Quem não dá assistência perde espaço para a concorrência!" Vivemos em um mundo em que cada dia mais cedo as crianças desenvolvem novas capacidades e responsabilidades e, com isso, aos poucos, vão aprendendo o valor do verdadeiro comprometimento com as escolhas que fazem. E nós, mais "antigos", temos de nos atualizar e procurar ser muito mais que espectadores da vida, e sim autores e artistas da história de nosso tempo — disse José Luís, no auge da empolgação.

— Você está certo, Zé Luís. Vou pensar muito no que você me disse hoje. Vou dar um jeito de aumentar meu interesse pela vida, em todos os campos, porque, como nosso diretor executivo sempre diz em nossas reuniões: "Há, dentro de nós, uma jazida inesgotável de talentos e capacidades" — disse Ricardo, sentindo-se aliviado e mais animado, depois do desabafo.

É isso mesmo: você quer ser bem-sucedido na vida pessoal e profissional? Então, comprometa-se com seu crescimento e o de todos que dependem de você. Ao se comprometer com a vida, você estará se preparando para receber dela, em troca, milhões de oportunidades de vencer! A hora é agora, e mudar para melhor é uma escolha que depende unicamente de você!

E para os empresários em busca de um incentivo para seus negócios, a próxima reflexão...

70

Funcionário Motivado = Cliente Encantado

Manter uma equipe motivada é uma arte. Sim, porque cada indivíduo se automotiva por meios diferentes. Um gosta mais de ser elogiado, aquele outro dá valor mesmo é ao dinheiro extra que recebe, outro se sente valorizado quando seu líder ou patrão se interessa por sua vida familiar, e assim por diante... Cabe ao chefe conhecer a fundo cada colaborador de sua equipe e desenvolver a perspicácia para descobrir suas motivações particulares.

Por outro lado, se falarmos de desmotivação, as causas são sempre as mesmas: desvalorização, pressão psicológica, falta de empatia e indiferença do líder. Como um empresário pode ter uma equipe motivada se ele mesmo não for exemplo de entusiasmo com o que faz? Como querer resultados positivos se sua equipe estiver vivendo sob o medo e as ameaças? Como querer que seus funcionários "vistam a camisa" da empresa se o próprio dono do negócio for presença rara por lá? Tem clientes que comparecem mais nas mesmas lojas, semanalmente, do que seus proprietários...

E os treinamentos motivacionais? A maioria dos empresários que promovem eventos para seus colaboradores se "reciclarem no entusiasmo", eles próprios — os patrões, os líderes —, não comparecem, perdendo preciosa oportunidade de ser exemplo positivo e de compartilhar experiências... Que lástima! Isso é desprezo com o próprio negócio, falta de respeito com seus colaboradores e de compromisso com seus clientes.

Um empreendimento de sucesso não acontece de uma hora para outra. O empresário vencedor é aquele que semeia sua ideia por meio de um bom marketing e cultiva seu negócio com carinho, incentivando seus colaboradores ao desenvolvimento. Assim, feliz por trabalhar em uma empresa que o valoriza, e com um brilho peculiar nos olhos, cada profissional acaba se tornando um grande encantador de clientes. E você sabe... cliente encantado = negócio fechado!

E... vender não é só fechar um negócio... Vender é muito mais: é estabelecer relacionamentos, vínculos de amizade com os clientes para que a marca de sua empresa permaneça em suas lembranças.

Você já percebeu que tem lojas em que você faz questão de entrar, ver as novidades e conversar um pouquinho, mesmo que, naquele momento, você não precise de nada? São lojas de ambiente alegre e acolhedor, é claro, porque todo mundo gosta de ser bem tratado! Funcionários espontaneamente sorridentes espalham uma energia de bom humor e otimismo que faz qualquer negócio dar certo!

Lembro-me, com imenso carinho, da loja que eu e meu marido tivemos, na década de 1990, que comercializava presentes importados e nacionais. Qualidade nos produtos, bom gosto, preços justos, música agradável o tempo todo e, é claro, delicadeza no atendimento. Nossos funcionários, com gentileza e atenção, fidelizavam os clientes, que não perdiam oportunidade de nos visitar, muitas vezes só para um bate-papo e distração. E, de forma inconsciente, pela "lei da reciprocidade", como se sentiam bem cuidados naquele ambiente, eles sempre compravam algum produto e saíam leves e alegres.

Portanto, o primeiro passo para o sucesso em seu empreendimento é dedicar-se ao sucesso de seu colaborador. Ele precisa estar de bem com a vida, confiante e estimulado, compondo, assim, uma equipe altamente motivada. Dessa forma, seus pensamentos, palavras e atitudes criarão uma aura de encantamento que vai atrair para sua empresa a prosperidade que você tanto almeja!

Finalizando, guarde bem esta fórmula: **Funcionário motivado = Cliente encantado = Empresa próspera e feliz!**

Pausa para reflexão

Equipe – Um por todos, todos por um

Autor desconhecido

Há muitos anos, Tom era funcionário de uma empresa muito preocupada com a educação. Um dia, o executivo principal decidiu que ele e todo o grupo gerencial — um total de 12 pessoas — deveriam participar de um curso de sobrevivência de três dias, que tinha a forma de uma longa corrida de obstáculos.

Um dos obstáculos era cruzar um rio violento e impetuoso. Para a surpresa de todos, pela primeira vez, o grupo gerencial foi solicitado a dividir-se em três grupos menores de quatro pessoas para a superação daquele obstáculo. Os grupos eram: A, B, C.

O grupo A recebeu quatro tambores de óleo vazios, duas grandes toras de madeira, uma pilha de tábuas, um grande rolo de corda grossa e dois remos.

O grupo B recebeu dois tambores, uma tora e um rolo de barbante.

Já o grupo C não recebeu recurso nenhum para cruzar o rio; eles foram solicitados a usar os recursos fornecidos pela natureza, caso conseguissem encontrar algum perto do rio ou na floresta próxima.

Não foi dada nenhuma instrução a mais. Simplesmente foi dito aos participantes que todos deveriam atravessar o rio dentro de quatro horas.

Tom teve a «sorte» de estar no grupo A, que não levou mais do que meia hora para construir uma maravilhosa jangada. Um quarto de hora mais tarde, todo o grupo estava em segurança e com os pés enxutos no outro lado do rio, observando os outros grupos em sua luta desesperada.

O grupo B, ao contrário, levou quase duas horas para atravessar o rio. Havia muito tempo que Tom e sua equipe não riam tanto como no momento em que a tora e os dois tambores viraram com os gerentes financeiro, de computação, de produção e o de pessoal.

E o "melhor" ainda estava por vir. Nem mesmo o rugido das águas do rio era suficiente para sufocar o riso dos oito homens quando o grupo C tentou lutar contra as águas espumantes. Os coitados agarraram-se a um emaranhado de galhos, que estavam se movendo rapidamente com a correnteza. O auge da diversão foi quando o grupo bateu em um rochedo, quebrando os galhos. Somente reunindo todas as forças que lhes restavam foi que o último membro do grupo C, o gerente de logística, todo arranhado e com os óculos quebrados, conseguiu atingir a margem, 200 metros rio abaixo.

Quando o líder do curso voltou, depois de quatro horas, perguntou: — Então como vocês se saíram?

O grupo A respondeu em coro: — Nós vencemos! Atravessamos o rio em 45 minutos!

O líder do curso respondeu: — Vocês devem ter entendido mal. Vocês não foram solicitados a vencer às expensas dos outros. A tarefa foi concluída quando os três grupos atravessaram o rio dentro de quatro horas.

Foi uma lição para todos no grupo gerencial. Nenhum deles pensou em ajuda mútua, nem sonhou em dividir os recursos (tambores, toras, corda e remos) para atingirem uma meta comum. Não ocorreu a nenhum dos grupos coordenar os esforços e ajudar os outros. Todos caíram direto na armadilha.

Mas, naquele dia, todo o grupo gerencial aprendeu muito a respeito de trabalho em equipe e de lealdade em relação a todos. Eles aprenderam como pode ser útil combater a cultura «nós/eles» e substituir por uma cultura «nós».

Viajando pelas profissões, vamos falar agora da nobilíssima arte de ensinar...

71

Professor de Si Mesmo

Como professora que sou também, tenho muito orgulho em dizer que acredito que a profissão mais nobre deste mundo é a de ensinar. Entretanto, apesar de sua nobreza, ela se encontra em franco processo de desvalorização, inclusive pelos próprios profissionais do ensino. Onde está o problema? Vejamos...

Hoje em dia, acontece um fenômeno que tem trazido muitos prejuízos para as crianças: os pais estão entregando à escola a responsabilidade de educar e disciplinar seus filhos, e nesse acúmulo de funções, os professores acabam deixando a desejar em sua missão principal, que é ensinar, aprimorando a capacidade intelectual de seus alunos.

Assim, diante dessa realidade, compete aos mestres ampliarem seu conhecimento integral do ser humano, porque, mais do que o conteúdo didático que ensinam, dia a dia, eles estão deixando para seus alunos sua marca pessoal, seu exemplo de conduta e de vida. O professor passou a ser, então, não só aquele que sabe muito, mas principalmente, aquele que ensina a viver.

Contudo, uma pessoa só consegue ensinar bem aquilo que vivencia, o que faz parte de seu cotidiano. E é aí que nos deparamos com muitos desacertos dentro das salas de aula, porque os alunos, carentes de pais amorosos e incentivadores, buscam, ansiosos, por exemplos positivos e, muitas vezes, encontram professores insatisfeitos com sua profissão, desleixados consigo mesmos, sem o mínimo de motivação e entusiasmo. E que ainda se acham no direito de reclamar da falta de consideração e de participação de seus alunos...

Ora, sabendo que a figura de um mestre representa um manancial de exemplos para os estudantes, cabe a cada pessoa que carrega a responsabilidade do magistério se transformar, em primeiro lugar, em professor de si mesmo; educar-se, desenvolvendo alguns comportamentos que acabarão por influenciar, de forma benéfica, seus alunos.

Eis aqui algumas considerações a esse respeito:

- Demonstre sentimentos de autovalorização, cuidando melhor de sua aparência, porque enfeitar-se para estar com os estudantes demonstra que você se valoriza e os valoriza também;
- Programe mentalmente seus alunos para aulas estimulantes e para serem bem-sucedidos na disciplina que você ensina;
- Faça do elogio o seu instrumento de trabalho mais importante, porque o professor incentivador faz com que seus aprendizes sejam autoconfiantes e cooperativos;
- Estimule seus alunos a opinar sobre seus métodos de ensino, demonstrando respeito pela opinião deles;
- Antes de cobrar comportamentos adequados dos estudantes, conheça-se melhor e veja o que você tem feito para marcar positivamente a vida deles.
- E lembre-se: a persuasão só acontece quando você consegue demonstrar um interesse sincero pelo outro — olhos nos olhos, saber ouvir, sorriso nos lábios e disciplina na hora certa.

Se você é professor e quer ser bem-sucedido em sua profissão-missão, pergunte-se, todos os dias, que lembrança você está deixando para seus alunos. Se for lembrança de medo, desprezo, displicência, indiferença, então, por favor, mude de profissão, porque as escolas precisam de pessoas que tragam, no coração, alegria de viver, dedicação e, sobretudo, amor — amor-próprio, amor pelos outros, pela profissão, pela vida!!!

Mestre, no verdadeiro sentido da palavra, é aquele que carrega dentro de si não só o conhecimento, mas, principalmente, a sabedoria!

Pausa para reflexão

Se acreditam em mim...

Extraído do livro *O Estilo Disney*, de Bill Capodagli e Lynn Jackson

O Departamento de Física da San Jose State University se orgulhava de ter uma classe de Física para calouros tão difícil que, normalmente, 50% dos alunos eram reprovados ou desistiam.

Em certo semestre, um professor decidiu fazer um experimento. Na primeira de duas classes idênticas, ele afirmou, durante sua preleção de abertura, que 50% dos alunos iriam ser reprovados ou desistir.

Em sua segunda classe, ele afirmou que a taxa normal de reprovação era de 50%, mas, ao examinar o histórico dos estudantes, ele ficou surpreso em ver que todos naquela classe tinham uma aptidão excepcional para Matemática e Ciências.

Você pode provavelmente adivinhar os resultados. Na primeira classe, 50% dos alunos desistiram ou foram reprovados.

Na segunda classe, todos os alunos passaram com nota C ou superior.

O ponto que interessa nesta história é que as percepções realmente se tornam realidade.

Agora, o meu recado para os jornalistas de hoje e os de amanhã — grandes incentivadores das transformações no mundo...

72

Nas Mãos dos Jornalistas

Todos nós, ao nascermos, fomos brindados pela vida com um fantástico poder interior: o poder da transformação. E esse é um dos motivos de estarmos vivos, aqui e agora. Nascemos para nos melhorarmos, dia após dia, e, é claro, para contribuir para o desenvolvimento deste Planeta.

Nesse passeio que estamos fazendo por algumas profissões, vou me ater, agora, a uma classe profissional que, a meu ver, detém um imenso poder de transformar este mundo, para melhor ou para pior: os jornalistas.

Admiro muito essa profissão e até poderia ter cursado Jornalismo, pelo tanto que gosto de escrever, falar, perguntar e observar... É um trabalho de enorme responsabilidade, pois divulgar os acontecimentos para o mundo, tais como se sucedem, pode até ser simples, mas quando a notícia requer uma visão e interpretação próprias, torna-se um desafio.

O que mais me entristece é que, não só no Brasil, mas em todo o mundo, há uma supervalorização das notícias negativas e do sensacionalismo. E, se é isso que dá "ibope" na TV, ou aumenta as vendas das revistas e jornais, é porque a Humanidade ainda dá mais valor ao negativo e à maledicência do que aos temas que fazem engrandecer a alma humana.

Contudo, sou otimista e tenho certeza de que isso vai mudar! Pela boa receptividade e repercussão dos programas em TV e rádio, que faço desde o ano de 2003, com temas ligados ao autodesenvolvimento, e pelo grande número de telefonemas, e-mails e mensagens nas redes sociais que recebo dos telespectadores e ouvintes, eu percebo o quanto as pessoas estão sedentas de programas ou reportagens jornalísticas voltados para o bem.

Há muita gente que não gosta de ler e tantos outros sem condições de comprar livros ou revistas e, nessa hora, os programas de TV e rádio devem cumprir sua função social, divulgando conteúdos positivos de livros e exemplos de superação que despertem nas pessoas a vontade de crescer e vencer!

Há tantos assuntos importantes e inspiradores para se falar e comentar, fazer debates sobre a vida, carreira, sentimentos, relacionamentos, sucesso, mas, infelizmente, o jornalismo, de forma geral, ainda insiste em manter seu foco nas tragédias, na violência e nos escândalos.

Precisamos quebrar o paradigma de que jornais e telejornais só trazem notícias ruins, invadindo os lares com assuntos tão repugnantes. Comecemos a cobrar das mídias mais notícias de generosidade, vitórias pessoais, afetividade, pesquisas sobre a fé, temas que realmente façam as pessoas repensar sua vida e tomar atitudes de mudanças positivas.

O que é fato tem de ser noticiado, sim, mas é a forma como as notícias chegam que prejudica as pessoas. Veja bem este exemplo: se acontece um crime bárbaro de filho contra os pais, o que a mídia faz? Fica repetindo, horas e horas, o mesmo fato, as mesmas cenas, as mesmas fotos na TV, coloca o assassino nas capas das revistas e dos jornais, supervaloriza o criminoso. O ideal, neste caso, seria que os jornalistas e apresentadores se mobilizassem para promover debates e entrevistas com profissionais qualificados sobre as causas de tais crimes e, com isso, evitar que outros aconteçam; e, se for preciso colocar fotos relacionadas aos casos, que sejam de pessoas que explicam e alertam sobre tais comportamentos, e não dos causadores de tantos males. Essa exaltação ao mal estimula as pessoas desequilibradas a cometer atos insanos para ter seus minutos de "fama", e isso é realmente trágico para todos nós. Por que não vemos nas capas de revistas ou nas manchetes de jornais as fotos dos melhores alunos das escolas, ou matérias sobre os médicos verdadeiramente humanos que existem em todos os cantos do mundo?

E, finalizando essa reflexão sobre a importantíssima missão dos jornalistas e seus empregadores, quero lembrá-los da poderosa "Lei do Plantar e Colher" e sugerir que utilizem a sabedoria do filósofo Sócrates (469 a.C./399 a.C.): *"Todos os comentários, antes de serem pronunciados, devem passar pelos crivos da Verdade, da Bondade e da Utilidade".*

Pausa para reflexão

Papel picado ao vento

Autor desconhecido

Um senhor, há muito tempo, tanto falou que seu vizinho era ladrão que o rapaz acabou preso!

Dias depois, descobriram que era inocente. O rapaz foi solto e processou o homem.

No tribunal, o velho disse ao juiz: — Comentários não causam tanto mal.

E o juiz respondeu: — Escreva os comentários num papel, depois pique e jogue os pedaços no caminho de casa. Amanhã, volte para ouvir a sentença.

O senhor obedeceu e voltou no dia seguinte.

— Antes da sentença, terá de catar os pedaços de papel que espalhou ontem — disse o juiz.

E o velho, assustado, respondeu: — Não posso fazer isso. O vento deve tê-los espalhado, já não sei onde estão.

— Da mesma maneira, um simples comentário pode destruir a honra de um homem, a ponto de não podermos consertar o mal — disse, serenamente, o juiz.

Se não se pode falar bem de uma pessoa, é melhor que não se diga nada.

Seja dono de sua boca para não ser escravo de suas palavras.

Encerramos aqui o passeio pelo campo profissional, desejando que você reflita melhor sobre o que tem feito por si mesmo, sempre certo de que é você quem constrói seu futuro!

Parte VI

Atitudes libertadoras

Chegamos, agora, à parte final desta obra,
em que você vai deparar com a pessoa que se tornou ao longo desta viagem...
Prepare-se! Tenho absoluta certeza de
que você vai gostar desse ser humano mais forte e confiante que se tornou.
Para isso, algumas atitudes que vão
engrandecer sua vida...

73

Aprendiz da Vida

Ultimamente, tenho observado como é grande o número de pessoas revoltadas, irritadas e estressadas que conheço. Se você se encaixa nesse perfil, saiba que você está na lista dos indivíduos que considero "os desperdiçadores da vida", porque não percebem o tempo perdido nas lamúrias, nas críticas e condenações, como se tais atitudes pudessem mudar a realidade em que vivem...

É triste, também, ver indivíduos com potencial de vencer que, decepcionados com a corrupção e a impunidade que acompanham pelos noticiários, começam a dizer asneiras contra a honestidade, usando os maus exemplos dos outros como desculpa para escolherem o caminho do erro, da contravenção, da desonestidade e da falta de ética. São pessoas que não sabem que tudo o que oferecem ao Universo, de bom ou de ruim, vai voltar para elas multiplicado...

Entenda que o que vai mudar positivamente sua vida não são suas opiniões e queixas, e sim sua decisão de mudar de atitude.

Cada um de nós está aqui, agora, para aprender, dia após dia, com nossas experiências, positivas ou negativas. Seja qual for a circunstância em que você se encontre, sempre é possível aprender alguma lição. O mundo é uma verdadeira escola, e é preciso empenho e preparo para "passar de ano", ser promovido, alcançar o sucesso. Os vencedores sabem: nada se consegue sem esforço, sem dedicação, sem paciência!

Então, permita-se colocar na posição de aprendiz da vida, com a postura humilde de quem está neste mundo para aprender, para crescer e, finalmente, vencer! Que todos os aborrecimentos de seu dia a dia o levem a descobrir onde há possibilidade de mudanças, não só de seus padrões de pensamentos, mas, principalmente, de suas atitudes diante da vida.

E, mais uma vez, eu lhe digo: desenvolva o hábito de agradecer. Ser grato às pessoas à sua volta e ao Universo que amorosamente o acolhe é um gesto de inteligência, porque a gratidão é um ímã que traz até você muito mais motivos para agradecer.

Portanto, deixe de arrogância e assuma, de uma vez por todas, seu papel de aprendiz da vida, com a humildade dos verdadeiros sábios que sabem que nada sabem...

PAUSA PARA REFLEXÃO

O sábio e o aprendiz

Autor desconhecido

Um sábio africano conduz seu aprendiz pela floresta.

Embora mais velho, caminha com agilidade, enquanto seu aprendiz escorrega e cai a todo instante.

O aprendiz blasfema, levanta-se, cospe no chão traiçoeiro, e continua a acompanhar seu mestre.

Depois de longa caminhada, chegam a um lugar sagrado.

Sem parar, o sábio dá meia-volta e começa a viagem de volta.

— Você não me ensinou nada hoje — disse o aprendiz, levando mais um tombo.

— Ensinei, sim, mas você parece que não aprende. Estou tentando lhe ensinar como se lida com os erros da vida — respondeu o sábio homem.

— E como lidar com eles? — perguntou, curioso, o aprendiz.

— Como deveria lidar com seus tombos — respondeu o sábio. — Em vez de ficar amaldiçoando o lugar onde caiu, devia procurar conhecer aquilo que te fez escorregar.

Como disse Aldous Huxley (1894-1963): "Experiência não é o que acontece com um homem; é o que um homem faz com o que lhe acontece".

74

O Poder de Querer

Você já reparou que as pessoas bem-sucedidas e prósperas são decididas e sabem o que querem? É justamente por isso que elas têm sucesso, porque o querer tem um fabuloso poder sobre as realizações humanas.

E você, já sabe o que quer para sua vida, de modo claro e bem definido? Talvez sim, talvez não... Muitas pessoas, em sua criação, foram tolhidas em seu querer, ou porque a situação financeira familiar parecia não admitir os sonhos, ou os pais eram pessoas pessimistas e inimigas do dinheiro, ou ainda porque não se achavam merecedoras. E aí, elas se tornaram adultas sem metas, sem nenhum modelo positivo para seguir.

Contudo, nunca é tarde para "acordar para a vida" e perceber que esses velhos padrões negativos de pensamentos nunca serviram para seu crescimento e suas conquistas; pelo contrário, foram eles que sabotaram suas ações até hoje. É hora de mudar sua postura mental e entender que todas as realizações neste mundo são frutos do querer com estratégia, do querer com foco, do querer sem medo de ser feliz!

Para alcançar a prosperidade que almeja, você precisa de duas importantes ferramentas de uso fácil e prático: pedir e agradecer.

Ouse pedir ao Universo aquilo que você deseja para seu viver — amor, bens materiais, religiosidade, saúde, amizades, seja o que for. Você só tem de querer e pedir, jogando no cosmos a energia de seus pensamentos recheados de emoções positivas. Tudo aquilo que você pensa sistematicamente e coloca suas emoções e seus sentidos (visão, audição e sensações) transforma-se em uma energia poderosa de atração que se expande e, cedo ou tarde, torna-se realidade.

Contudo, fique alerta: cuidado para não ficar pensando e falando naquilo que você não quer: *"Ah, eu não quero ser igual ao meu patrão...", "Eu não quero ser pobre...", "Eu não quero ficar doente..."* etc. O perigo do "não quero" é que nossa mente tem uma enorme dificuldade em visualizar o "não" e, então, a palavra mais forte daquilo que você diz "não querer" fixa em sua imagem mental: ser igual ao patrão, pobreza, doença etc. E — lamento informá-lo — será exatamente isso que você acabará atraindo para sua vida!

A outra ferramenta para você usar, ao mesmo tempo em que faz seus pedidos, é a gratidão: pelo que já tem em sua vida, com aceitação até das dificuldades — procurando extrair delas os benefícios que as acompanham —, e seja grato também pelos sonhos que vai visualizar, como se já tivessem se realizado. Isso mesmo: agradecer por antecipação, ou seja, o seu pedido vem em forma de agradecimento, repetidas vezes, diariamente, como se fosse um "mantra": *"Os cem mil reais para a compra da minha casa já estão em minha conta, muito obrigado"; "Sou feliz e grato pela maravilhosa família que tenho"; "Minha empresa é muito próspera, muito obrigado!"...* E seja ousado!

Você pode até dizer para mim que isso é uma mentira, e que não sabe como fazer para virar verdade... Pois eu lhe afirmo: nosso cérebro não questiona se é mentira ou verdade (ele apenas acompanha nossa postura mental). E quanto ao Universo, que trabalha com a poderosa Lei da Atração aliada à Lei do Plantar e Colher, sua função é, de acordo com seu merecimento, é claro, entregar a você tudo aquilo que você atraiu com seus pensamentos, palavras e emoções.

Mas guarde bem: você precisa fazer por merecer aquilo que você quer. Caso contrário, seu sentimento de culpa — consciente ou inconsciente — vai criar situações que vão sabotar suas ações e, em consequência, seus resultados.

Pausa para reflexão

O poder das palavras e emoções

Autor desconhecido

Dois anjos procuravam fazer o bem pelo mundo.

Vendo dois lavradores que voltavam para casa depois de um dia de trabalho, tiveram uma ideia: — Vamos dar 15 minutos de poder a esses dois homens. Tudo o que disserem daqui por diante será realizado.

E assim fizeram. Tocaram suas mãos invisíveis sobre a cabeça dos dois homens e puseram-se a observá-los.

Poucos passos adiante, os lavradores se separaram e seguiram por caminhos diferentes.

Um deles, após alguns metros, vendo um bando de pássaros atacar sua lavoura, disse: — Por favor, irmãos pássaros, colaborem comigo e poupem a minha plantação. Preciso que essa lavoura cresça e produza muitos frutos, pois é dela que tiro meu sustento.

De imediato, ele viu, espantado, a lavoura crescer e ficar prontinha para a colheita.

Correu em direção à sua casa, ansioso para contar o fato à sua esposa. Mas, ao abrir a porta, a tranca, que estava pendurada no alto, caiu sobre sua cabeça e ele exclamou: — Puxa, que descuido o meu! Assim que tiver dinheiro, vou reformar toda esta casa para dar mais conforto à minha família.

E, num segundo, uma casa maravilhosa apareceu à sua frente.

Assustado, sem entender nada, sentou-se na poltrona achando que estava tendo alucinações.

Nesse momento, ouviu lá de fora um pedido de socorro. Era do seu amigo, o outro lavrador: — Compadre, me ajude, estou perdido! — dizia o seu companheiro, aos prantos. — Não sei o que aconteceu! Quando nos separamos e eu segui para a minha casa, vi um bando de pássaros atacando minha lavoura. Revoltado, gritei: "Vocês de novo atacando minha lavoura? Tomara que seque tudo e vocês morram de fome!" E no mesmo instante, compadre, vi minha lavoura secar. Acreditando estar vendo coisas, corri para casa e, ao abrir a porta, a tranca, que estava pendurada, caiu sobre minha cabeça. Então, já nervoso e com raiva, gritei: "Por que esse casebre caindo aos pedaços não pega fogo?" E, num instante, uma grande labareda destruiu minha casa. Agora estou arruinado, compadre!

Os anjos, então, decidiram que daquele momento em diante dariam quinze minutos de poder a todos os seres humanos, sem que eles soubessem quando isso ocorreria.

E se eu lhe afirmar, querido leitor, que seu poder não é só de quinze minutos? É verdade! Todos os minutos, de todos os dias, de todos os anos, são todos seus, esperando por seus desejos! Acredite: o poder de querer é realmente mágico! Mas lembre-se: faça por merecer!

Vamos lá! Comece já a traçar seu destino porque o mundo aguarda pelo seu sucesso e felicidade para serem compartilhados!
Afinal, de que adianta querer ter tanto se não for para ser uma pessoa melhor?

75

Para o Bem de Todos

Há um ditado com o qual concordo plenamente: *"A única forma de multiplicar a felicidade é dividi-la com alguém!"* Não há felicidade ou sucesso que se sustente no egoísmo e no orgulho. A vitória só se realiza para aquele que tem dentro de si a semente da generosidade e o espírito de solidariedade.

Por isso, para que sua vida se transforme para melhor, assuma seu papel neste mundo, descobrindo o verdadeiro sentido de estar vivo, aqui e agora, e desperte para o compartilhamento de tudo o que você tem de melhor dentro de si.

Você pode iniciar essa trajetória de realização interior olhando o mundo e as pessoas com "bons olhos", procurando enxergar mais as virtudes que os defeitos dos outros. E, principalmente, use a poderosa energia das palavras para incentivar e influenciar as pessoas para o entusiasmo e o crescimento.

Sabendo que você está neste mundo para fazer uma diferença positiva, e deixar boas lembranças e exemplos, neste instante, agora, marque um encontro consigo mesmo e, por meio do autoconhecimento, busque dentro de si o que você tem de melhor para oferecer àqueles que o cercam. Faça a diferença!

E aproveitando seu momento de interiorização, que tal ler a inspiradora Oração de São Francisco de Assis, em voz alta, meditando sobre o sentido de cada palavra?

"Senhor, fazei-me instrumento de vossa paz. Onde houver ódio, que eu leve o amor; onde houver ofensa, que eu leve o perdão; onde houver discórdia, que eu leve a união; onde houver dúvida, que eu leve a fé; onde houver erro, que eu leve a verdade; onde houver desespero, que eu leve a esperança; onde houver tristeza, que eu leve a alegria; onde houver trevas, que eu leve a luz. Oh, Mestre, *fazei que eu procure mais: consolar, que ser consolado; compreender, que ser compreendido; amar, que ser amado. Pois é dando que se recebe,* é perdoando que se é perdoado, *e é morrendo que se vive para a vida eterna."*

Milho gigante

Autor desconhecido

Ano após ano, um fazendeiro bem-sucedido ganhava o troféu Milho Gigante da feira de agricultura do município. E o seu milho era cada vez melhor.

Numa dessas ocasiões, um repórter de jornal, ao abordá-lo para saber como ele cultivava seu valioso produto, ficou intrigado porque descobriu que o fazendeiro compartilhava a semente do seu milho gigante com os vizinhos.

— Como pode o senhor dispor-se a compartilhar sua melhor semente com seus vizinhos, quando eles estão competindo com o senhor a cada ano? — indagou o repórter.

O fazendeiro pensou por um instante e respondeu: — Você não sabe? O vento apanha o pólen do milho maduro e o leva de campo para campo. Se meus vizinhos cultivam milho inferior, a polinização degradará continuamente a qualidade do meu milho. Se eu quiser cultivar milho bom, tenho de ajudar meus vizinhos a cultivar milho bom.

Ele era atento às conectividades da vida. O milho dele não poderia melhorar se o milho do vizinho também não tivesse a qualidade melhorada.

E assim acontece em outras dimensões da nossa vida. Aqueles que escolhem estar em paz devem fazer com que seus vizinhos estejam em paz. Aqueles que querem viver bem têm de ajudar os outros a viver bem. E aqueles que querem ser felizes têm de ajudar os outros a encontrar a felicidade, pois o bem-estar de cada um está ligado ao bem-estar de todos.

Belo exemplo de quem pensa na coletividade e, com isso, tem seu sucesso garantido. Para isso, é preciso, sim, uma boa dose de desapego...

76

Desapego — A Maior Riqueza

Em todos os tempos, os homens buscaram seu progresso e o daqueles à sua volta, de acordo com as possibilidades do momento.

Entretanto, hoje, mais do que nunca, vemos a Humanidade realmente focada na evolução tecnológica e do saber, o que é um fator positivo, sem dúvida.

O que me preocupa é que, de forma geral, o "ter" vem ocupando muito mais espaço na vida moderna do que o "ser". A prova disso está na grande quantidade de pessoas com desequilíbrios emocionais, transtornos de ansiedade (medo do futuro), depressão, consumismo desenfreado e outros distúrbios que lhes roubam a qualidade de vida.

Vejo a ambição com bons olhos — o querer hoje ser melhor do que ontem e amanhã ser melhor do que hoje —, mas o perigo é a ambição desmedida que desencadeia os sentimentos de ganância e de inveja ao mesmo tempo.

Sendo a Natureza tão abundante e generosa, busque para sua vida a riqueza, não só material, mas, sobretudo, a interior, para que você possa espalhar pelo mundo seu amor e otimismo.

Se sua riqueza começa no "ser" — ser honesto, ser generoso, ser justo, ser uma pessoa cada vez melhor —, consequentemente, por merecimento seu, ela se transformará no "ter" — ter saúde, ter amor, ter amigos, ter bens materiais, ter a felicidade e o sucesso que você tanto busca.

Daí a importância do desapego diante da riqueza material. Tudo o que é material é efêmero, enquanto que sua essência, aquilo que você realmente é, fica para sempre, é eterna, e deixa marcas que só dependem de suas intenções e atitudes no decorrer da vida.

Henry Ford (1863-1947) sabiamente disse: *"Se o dinheiro for sua esperança de independência, você jamais a terá. A única segurança verdadeira consiste numa reserva de sabedoria, de experiência e de competência".*

A verdadeira riqueza do ser humano

Autor desconhecido

O hindu chegou aos arredores de certa aldeia e aí se sentou para dormir debaixo de uma árvore.

Chegou correndo, então, um habitante daquela aldeia e disse, quase sem fôlego: — Aquela pedra! Eu quero aquela pedra!

O hindu, curioso, perguntou: — Mas que pedra?

E o homem, ansioso, respondeu: — Ontem à noite, em um sonho, eu vi meu Senhor Shiva. Ele disse que eu viesse aos arredores da cidade, ao pôr do sol; aí devia estar o hindu que me daria uma pedra muito grande e preciosa que me faria rico para sempre.

Então, o hindu mexeu na sua trouxa, tirou a pedra e foi dizendo: — Provavelmente, é desta que ele lhe falou. Encontrei-a numa trilha da floresta, alguns dias atrás. Pode levá-la!

E assim falando, ofereceu-lhe a pedra.

O homem olhou maravilhado para a pedra. Era um diamante e, talvez, o maior jamais visto no mundo. Pegou, pois, o diamante e foi-se embora.

Mas, quando veio a noite, este homem, que acabara de ficar muito rico, virava de um lado para o outro em sua cama sem conseguir dormir.

Então, rompendo o dia, foi ver novamente o hindu e o despertou dizendo: — Eu quero que você me dê essa riqueza que lhe tornou possível desfazer-se de um diamante tão grande assim, tão facilmente!

E praticando o desapego, dia a dia, jamais perca a oportunidade de lançar boas sementes, porque você sabe... Quem planta, colhe mesmo!!!

77

Oportunidades para Semear

Há certos momentos em que entender a lógica que move as ações humanas é um grande desafio... É verdade! Vejo tantas pessoas plenas de potencial do bem, de carisma e de gentileza, mas que se fecharam e se isolaram porque sofreram decepções com os ingratos que passaram por sua vida. Dizem que não apoiam mais ninguém nem se interessam em ser úteis porque todos aqueles que se serviram de sua boa vontade não lhe foram gratos nem fiéis.

Se você pensa assim também, vou dizer algo que pode aliviar seu coração: tudo o que você semeou vai voltar para você, mas não necessariamente por intermédio daquelas pessoas a quem você beneficiou. A partir do momento em que você se predispõe a ser generoso e útil à Humanidade, seu plantio do bem está apenas começando e tudo aquilo que você entrega aos outros, mais cedo ou mais tarde, retornará para você multiplicado. E quem lhe dá o retorno de toda a sua semeadura é o próprio Universo, muitas vezes por meio de quem você ainda nem conhece.

Se você é uma pessoa que tem como conduta estar sempre encaminhando os outros para uma vida melhor, apoiando-os em suas dificuldades, com certeza, em seus momentos de provação, você encontrará pelo caminho pessoas tão generosas quanto você tem sido. Jamais deixe de servir a quem quer que seja com a desculpa de que esta pessoa nunca lhe retribuirá o seu favor, porque a vida funciona como um eco e, tudo o que vai, um dia volta — de bom ou de ruim. A qualidade da sua semente e do seu cultivo é você que escolhe.

E mais: pare de esperar reconhecimento dos outros. Amor e serviço no bem têm de ser incondicionais, sem cobranças. É preciso entender a natureza das pessoas sem julgar nem criar expectativas, que podem gerar grandes frustrações.

Assim, sirva pelo prazer de ser útil, mas não vincule sua felicidade aos outros, porque alguns têm a natureza grata, mas a maioria da Humanidade, até hoje, ainda é ingrata.

Portanto, sem esperar reconhecimento nem recompensa daqueles que você apoiou, lembre-se: *"No fim das contas, isso tudo é entre você e Deus!"*

PAUSA PARA REFLEXÃO

A verdadeira riqueza do ser humano

Madre Teresa de Calcutá

Muitas vezes, o povo é egocêntrico, ilógico e insensato. Perdoe-o assim mesmo.

Se você é gentil, o povo pode acusá-lo de egoísta, interesseiro. Seja gentil assim mesmo.

Se você é um vencedor, terá alguns falsos amigos e alguns inimigos verdadeiros. Vença assim mesmo.

Se você é honesto e franco, o povo pode enganá-lo. Seja honesto e franco assim mesmo.

O que você levou anos para construir, alguém pode destruir de uma hora para outra. Construa assim mesmo.

Se você tem paz e é feliz, o povo pode sentir inveja. Seja feliz assim mesmo.

O bem que você faz hoje, o povo pode esquecê-lo amanhã. Faça o bem assim mesmo.

Dê ao mundo o melhor de você, mas isso pode nunca ser o bastante. Dê o melhor de você assim mesmo.

Veja você que, no fim das contas, é entre você e Deus.

Nunca foi entre você e o povo.

Na busca de seu bem-viver, os recursos fundamentais são: ter confiança e ter atitude.
Veja como fortalecer estes dons que, depois de toda essa trajetória que percorreu, você já possui...

78

Confiança e Atitude

Dias atrás, pensando sobre a importância da confiança em nossa vida, tirei boas conclusões, e quero compartilhá-las com você. Confiar é acreditar, é ter fé, primeiro no Infinito Poder, cuja essência mora dentro de nós — seus filhos —, e depois em nós mesmos, em nossa força de transformação ou renovação interior.

O grande cuidado que devemos ter é com a fé cega, aquela que nada questiona, que só repete o que ouve e que leva ao fanatismo. Procure ser aberto a novas ideias e aprendizados, para que possa desenvolver o bom senso e usar a força da dúvida, nos momentos em que ela se fizer necessária. A dúvida é de grande valor, porque só duvida quem pensa. Quem aceita tudo sem questionar é um ser não pensante.

O ato de duvidar faz expandir sua inteligência e em nada atrapalha a confiança que deve crescer dentro de você. Acredito que a pessoa mais autoconfiante é justamente aquela que sempre se desafia, que coloca novos questionamentos para responder em sua vida e, a cada conquista, mais acredita em si mesmo.

Parece um paradoxo, mas aquele que busca entender a força do Criador e os Seus desígnios é justamente quem mais provas recebe do Seu poder sobre sua vida. Por outro lado, aquele que declara o tempo todo a sua fé em Deus, afirmando que tudo vai dar certo, e fica só rezando e esperando, ah... ele vai aguardar sem nada receber. O Pai Maior espera de nós não só a fé, mas um comportamento proativo, de busca incansável pelo melhor, de autoconfiança em nossos talentos e de iniciativa de fazer o bem para a evolução deste mundo.

Portanto, desenvolva em si a confiança absoluta de que, com o poder mágico de sua vontade, escolhas corretas e a infalível proteção da Divina Providência você vencerá todas as batalhas naturais do viver.

Confie mais, confie sempre e guarde isso: É preciso acreditar e agir!

O Universo responde
Autor desconhecido

Um homem de bem, generoso e de muita fé teve de fazer uma viagem aérea e, apesar de certo medo, sabia que Deus o protegeria.

Durante a viagem, quando sobrevoavam o mar, o avião caiu e quase todos morreram, mas o homem conseguiu agarrar-se a alguma coisa que o conservou boiando até que chegou a uma ilha não habitada.

Ao chegar à praia, cansado, porém vivo, agradeceu a Deus por este livramento maravilhoso da morte.

Ele conseguiu se alimentar de peixes e ervas e derrubar algumas árvores, com as quais, com muito esforço, construiu uma casinha, feita de paus e folhas. Ficou satisfeito e mais uma vez agradeceu a Deus, porque agora podia dormir protegido dos animais da ilha.

No entanto, um dia, enquanto pescava, olhou na direção de sua casa e teve uma tremenda decepção: ela tinha sido toda incendiada.

Ele se sentou em uma pedra e disse, em prantos: — Deus! Como é que o Senhor pôde deixar isto acontecer comigo? O Senhor sabe que eu preciso muito desta casa para me abrigar e o Senhor deixou minha casa se queimar todinha... Deus, o Senhor não tem compaixão de mim?

Nesse mesmo momento, uma mão pousou no seu ombro e ele ouviu uma voz dizendo: — Vamos, rapaz?

Ele se virou e surpreendeu-se quando viu à sua frente um marinheiro que lhe disse: — Vamos rapaz, nós viemos te buscar.

— Mas como é possível? Como vocês souberam que eu estava aqui? — questionou o homem, perplexo.

— Ora, amigo! Vimos os seus sinais de fumaça pedindo socorro...

O homem, então, cheio de gratidão em sua alma, entrou no barco que o levaria de volta para seus entes queridos em total segurança.

Quase chegando ao fim desta viagem, cara a cara com alguém muito especial, que é VOCÊ, saiba, agora, quais os verdadeiros tesouros que já fazem parte do seu acervo interior...

79

Tesouros Ocultos

Um dos grandes defeitos dos seres humanos é a não valorização da vida e da própria família. Somos pessoas rodeadas de tesouros e, na maioria dos casos, não temos consciência disso. Infelizmente, ainda no século XXI, o que conta, para muitos, são as posses materiais e a situação social.

E você, querido leitor, como tem se comportado em relação aos seus familiares, ao seu trabalho, aos estudos e aos testes que a vida lhe aplica?

Pois saiba que, por mais complicada que seja sua família, ela é um tesouro oculto, porque por meio dos relacionamentos mais conflituosos é que você se enriquece de paciência e aprende a lidar com as diferenças nas relações pessoais.

O trabalho que você tem é outro tesouro, que muitas vezes você negligencia e o perde para pessoas que sabem valorizar as oportunidades da vida.

A escola e os mais modernos meios de comunicação de que você dispõe são tesouros valiosíssimos, que lhe fazem ganhar mais tempo — outro tesouro que você desperdiça sem perceber.

A melhor forma de viver plenamente, desfrutando destes tesouros ocultos em sua vida, é se conscientizar de que, neste mundo, ainda não existe vida perfeita, parceiro perfeito, família perfeita ou trabalho perfeito. Tome muito cuidado com as idealizações exageradas, que podem acabar por lhe causar revolta quando você "acorda" e percebe que seus planos não se realizaram como você imaginava.

Aprenda a aceitar as imperfeições humanas, respeitando o direito de cada um de crescer em seu próprio ritmo. Sempre digo que cada pessoa tem seu tempo de acordar para a vida, e não temos o direito de fazer pressão.

Finalizando, entenda que você atrai a felicidade e o sucesso quando, pleno de gratidão, valoriza sua vida e todos aqueles que o rodeiam, reconhecendo-os como tesouros de sua riqueza interior, pois são eles que o desafiam a ser cada dia melhor!

Verdadeira riqueza

Autor desconhecido

Certa vez, um homem caminhava pela praia numa noite de Lua cheia.

Pensava desta forma: "Se eu tivesse um carro novo, seria feliz; se eu tivesse uma casa grande, seria feliz; se eu tivesse um excelente trabalho, seria feliz; se eu tivesse uma parceira perfeita, seria feliz!", quando tropeçou em uma sacolinha cheia de pedras.

Ele começou a jogar as pedrinhas, uma a uma, no mar, cada vez que dizia: — Seria feliz se tivesse...

Assim o fez até que somente ficou com uma pedrinha na sacolinha, e decidiu guardá-la.

Ao chegar em casa, percebeu que aquela pedrinha tratava-se de... um diamante muito valioso!

Você consegue imaginar quantos diamantes ele jogou ao mar sem parar para pensar?

Assim são as pessoas: jogam fora seus preciosos tesouros por estarem esperando o que acreditam ser perfeito ou sonhando e desejando o que não têm, sem dar valor ao que têm perto delas. Se olhassem ao redor, parando para observar, perceberiam quão afortunadas são.

Muito perto de você está sua felicidade. Cada pedrinha deve ser observada — pode ser um diamante valioso. Cada um de nossos dias pode ser considerado um diamante precioso, valioso e insubstituível.

Depende de cada um aproveitá-lo ou lançá-lo ao mar do esquecimento para nunca mais recuperá-lo.

Chegamos, agora, à lição final desta caminhada, e espero que você, realmente, tenha encontrado meios para se transformar na superpessoa que você já é, mas que precisa permitir ao mundo que a conheça — de corpo e alma!!! Confie sempre mais porque dias melhores virão!

80

Dias Melhores Virão

Que tal encerrar nossa expedição de transformação interior passando sua vida a limpo e conferindo se você está realmente preparado para dias melhores?

Pois então, de coração aberto, acompanhe e reflita comigo sete posturas engrandecedoras que vão enriquecer sua vida de alegrias e realizações:

1. Hora de zerar seu estoque de culpas, perdoar-se e encarar seus erros como aprendizado. Pare de perder tempo se lamentando pelo que poderia ter sido e não foi. Vá em frente e escreva uma história diferente, na qual você dirige e atua como protagonista, como o herói de sua vida.
2. Seja mais flexível diante das mudanças do mundo, das gerações e diferentes culturas. Se você quer ser respeitado, precisa primeiro respeitar o jeito de ser dos outros.
3. Dê um basta à mania de reclamar das pessoas e situações e de só enxergar dificuldade em tudo. Daqui para frente, cheio de positividade, incorpore esse conceito em seus pensamentos e atitudes: TUDO É FÁCIL! Repita-o como um mantra e verá portas se abrir para você, e mais criatividade e autoconfiança em seus projetos.
4. Todos os dias, ao acordar e ao se deitar, leia suas metas, com a deliciosa sensação de que cada uma delas já se realizou, e agradeça por isso.
5. Fortaleça sua autoestima e cuide melhor da aparência — dentes, cabelos, pele, unhas, peso, flexibilidade física, alimentação e sono. Ninguém valoriza quem não se valoriza!
6. Entenda, de uma vez por todas, que você é incapaz de mudar quem quer que seja, a não ser você mesmo. Portanto, mude seu jeito de ver o mundo, desenvolvendo compaixão e paciência com as pessoas complicadas à sua volta.

7. E, finalizando, em nome de sua saúde física, mental e emocional, bem como de sua prosperidade financeira, decida-se pelo perdão àqueles que feriram seus sentimentos. Perdoar, mais que um ato de misericórdia, é um ato de amor-próprio e inteligência que só depende de você! E, da próxima vez, para não se decepcionar, lembre-se de não colocar suas expectativas nos outros — seres humanos como nós mesmos, com naturais imperfeições.

Guarde bem: para que sua vida seja plena de sorte, no verdadeiro sentido da palavra — união da preparação com a oportunidade —, faça sua parte com amor, revise sempre essas posturas, e disponha-se a doar ao mundo seus talentos, seu esforço e seu brilho.

Estou certa de que, depois desse longo passeio de autoconhecimento, você está se sentindo bastante fortalecido, inspirado e confiante de que dias melhores virão! O futuro só depende de você! Use seu poder de transformação, escolha se amar em primeiro lugar, mude o que for possível, e permita-se ser feliz!

PAUSA PARA REFLEXÃO

Seu sucesso em suas mãos

Autor desconhecido

Certa vez, dois irmãos foram admitidos em uma empresa, na função de faxineiro, visto que tinham pouca instrução.

Um dia, foi oferecida a oportunidade, para todos que a quisessem, de, após o término do expediente, ficar até mais tarde e cursar o supletivo, por conta da empresa.

Um dos irmãos imediatamente agarrou esta chance.

O outro, porém, acomodado à própria situação, disse: — Eu, hein, fazer hora extra sem receber para isso?

Em outras ocasiões, a história se repetiu: oportunidades eram oferecidas — cursos de digitação, informática, noções de contabilidade, treinamentos em relacionamento humano, etc. — um agarrava a oportunidade, investindo seu tempo no desenvolvimento pessoal e profissional; o outro, sempre com "belas" justificativas para não ser "explorado", apresentava desculpas as mais diversas, tais como: *"E o meu futebol, meu programa de televisão, o barzinho com os amigos etc.?"*

Passado algum tempo, aquele irmão que investira seu tempo, com afinco, em seu aperfeiçoamento, foi se destacando, tanto que, à medida que foram surgindo vagas dentro da empresa, a ele eram oferecidas. E isso exigia dele ainda mais empenho, e, prontamente, ele se dedicava mais e mais.

Tempos depois, chegou a ser promovido a gerente, não apenas mais um gerente, mas sim o melhor gerente da empresa.

E foi feita uma festa em homenagem ao rapaz. Na festa, alguém que não sabia do parentesco entre o ainda faxineiro e o então gerente aproximou-se dele e disse: — Formidável este gerente!

— É... e ele é meu irmão... — disse o faxineiro.

— Seu irmão? — indagou, incrédulo, o interlocutor.

— É... é que ele teve *sorte na vida*...! — concluiu o faxineiro.

Fim

Parabéns, você conseguiu!

Se você chegou até aqui é porque já consegue se ver merecedor de uma vida próspera e dono de um poder infinito de transformação e superação.

Como bem disse o filósofo americano do século XIX, Ralph Waldo Emerson: *"O ser humano é a fachada de um templo, em que toda a sabedoria e todo o bem residem"*.

Espero que emoções valiosas tenham brotado em seu sensível coração, que você esteja bem consciente de seu grande valor neste mundo e sua fabulosa missão de vencer e compartilhar sua vitória.

Depois dessa viagem pelas profundezas de seu ser e cara a cara com alguém muito especial — VOCÊ —, seja cada vez mais autoconfiante, persistente, generoso e feliz!

Como as pessoas especiais têm seus momentos especiais, este é o seu momento, esta é a sua hora: Vida nova, ânimos renovados e coragem de ser quem realmente é: VOCÊ!

Um afetuoso abraço e que possamos nos encontrar em meu site — www.elianabarbosa.com.br e nas redes sociais. Espero por você!

Para informações sobre palestras, entrevistas ou para conhecer os livros, audiolivros, DVD e CD da autora,
acesse o site www.elianabarbosa.com.br ou
envie um e-mail para eliana@elianabarbosa.com.br